序

黄文虹老师曾经是本人指导的英国语言文学专业硕士研究生,毕业后任教于江西财经大学现代经济管理学院。在研究生学习期间,她勤奋好学,学习成绩优异,还在学报上发表过论文。研究生毕业后,在教学岗位上,她一如既往地刻苦钻研,除承担繁重的教学任务外,还主持了两项省级课题(一项江西省高等学校教学改革研究课题,一项江西省高校人文社会科学研究项目)。围绕课题研究,她还发表了不少学术论文。《词语翻译研究》就是她的人文社科课题的研究成果。年轻老师能有这样的科研成果,是很不容易的,可喜可贺!

翻译发轫于理解。理解是语义辨析、语法分析和逻辑判断三者相互交叉的过程,其中语义辨析是理解过程的重中之重,语法分析和逻辑判断都是围绕语义辨析展开的。正确理解源语言的词汇意义,并在目标语言中选择恰当的表达方法是翻译过程中工作量最大的一部分。英国的翻译理论家 Peter Newmark 就曾说,"文本翻译的大多数工作都是在词汇层面上完成的"。词语是语言表达的基本单位,是语言的建筑材料。只有词语理解和表达正确,译文才会被读者接受。但词语意义存在复杂性,同一词语既有本义和引申义之分,又有语境意义之别,甚至词义还存在着不确定性。比如,"来人了",这样看似简单的句子要翻译成英语还颇费脑力,关键是不确定"人"是单数还是复数;"父在母先亡"的"在"是当动词"存在"理解,还是当介词理解,也存在不确定性。由此看来,了解和掌握词语的意义并准确翻译并不像人们想象的那么简单。对词语意义及翻译进行专门研究是很有必要的。本书开了词语翻译研究的先河。

《词语翻译研究》涉及词语翻译的方方面面，内容翔实，译例丰富，理论与实践相辅相成，相得益彰，是一部很好的学习词语翻译的参考书。书中有些内容是翻译教材和其他翻译研究文献很少提到的，如词语的历时意义和共时意义、词语的语法意义、词语的虚实转换、词语的原形照搬等，反映了黄文虹老师对词语翻译的独到见解。尤其是词语的原形照搬，黄文虹老师没有照搬现有的"零翻译"概念。她认为"零翻译"概念的内涵和外延不是很清楚，用词语的原形照搬更为确切。此外，该书中还辟有专章讨论小词的翻译。这些小词再普通不过了，随处可见，但其用法并没有引起大多数译者的注意，这些都对翻译有指导作用。

　　诚然，该书并非完美无缺，需要改进的地方还有不少，但瑕不掩瑜。

曾剑平
2021 年 5 月 19 日

本书为江西省高校人文社会科学研究项目成果（项目批准号：YY20222）

词语翻译研究

CIYU FANYI YANJIU

● 黄文虹　著

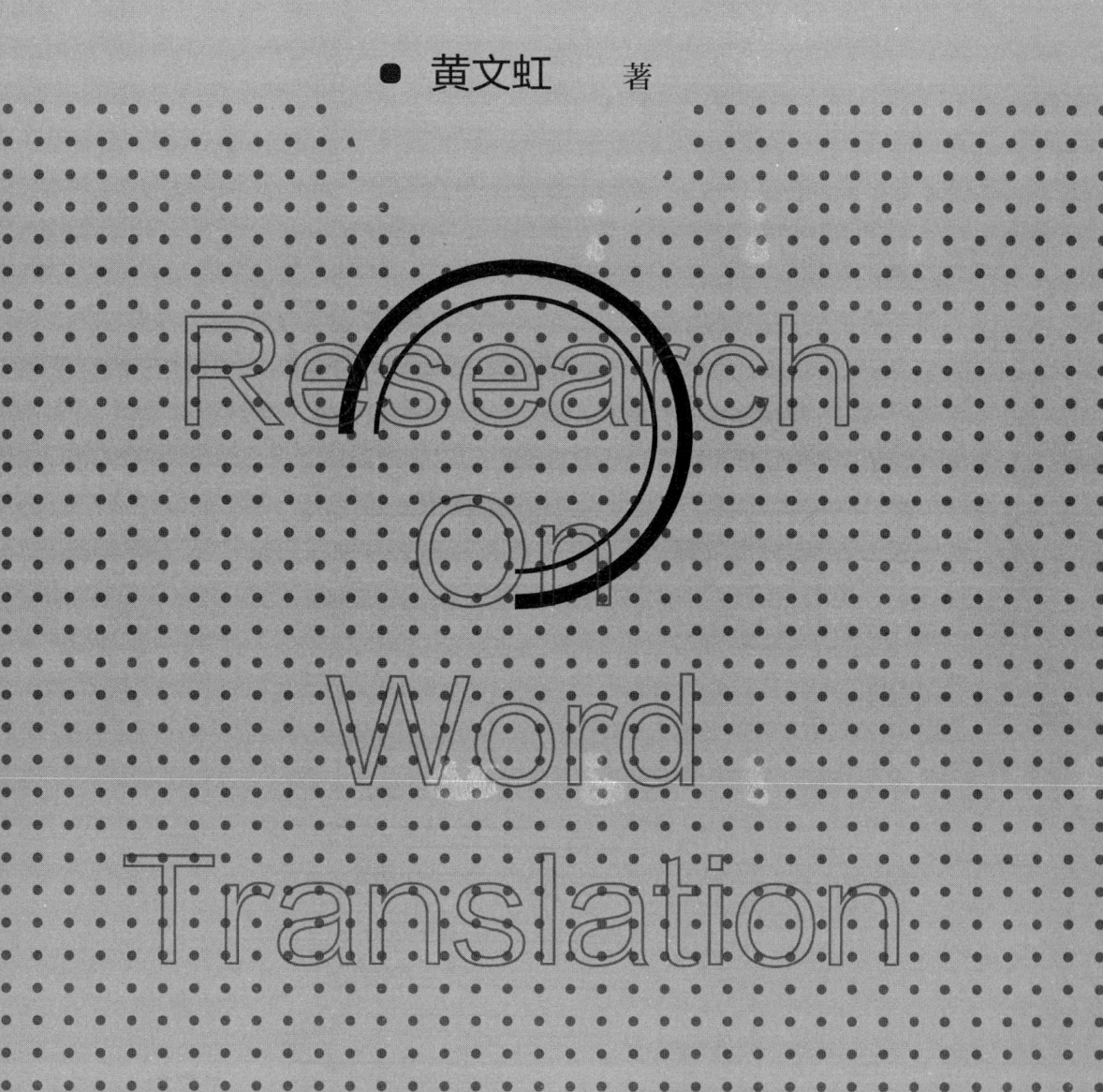

Research On Word Translation

江西高校出版社
JIANGXI UNIVERSITIES AND COLLEGES PRESS

图书在版编目（CIP）数据

词语翻译研究/黄文虹著.--南昌：江西高校出版社，2021.9（2024.9重印）

ISBN 978-7-5762-1737-7

Ⅰ.①词… Ⅱ.①黄… Ⅲ.①英语—词语—翻译—研究 Ⅳ.①H315.9

中国版本图书馆 CIP 数据核字（2021）第 158853 号

出 版 发 行	江西高校出版社
社 址	江西省南昌市洪都北大道 96 号
总编室电话	（0791）88504319
销 售 电 话	（0791）88522516
网 址	www.juacp.com
印 刷	三河市京兰印务有限公司
经 销	全国新华书店
开 本	700mm×1000mm 1/16
印 张	11.25
字 数	184 千字
版 次	2021 年 9 月第 1 版 2024 年 9 月第 2 次印刷
书 号	ISBN 978-7-5762-1737-7
定 价	58.00 元

赣版权登字-07-2021-1013
版权所有　侵权必究

图书若有印装问题，请随时向本社印制部（0791-88513257）退换

目录 Contents

第一章　词语意义及其翻译　/1
　　第一节　词语的意义概说　/1
　　第二节　指称意义及其翻译　/5
　　第三节　语用意义及其翻译　/12
　　第四节　词语的历时意义和共时意义及其翻译　/23
　　第五节　词语的语法意义及其翻译　/26
　　第六节　语境与词义　/29
　　第七节　词语的虚实转换　/33
　　第八节　词语翻译技巧　/37

第二章　词语意义关系及英汉词语对比　/42
　　第一节　词语意义关系及翻译　/42
　　第二节　英汉词语对比　/51

第三章　文化词语翻译　/62
　　第一节　词语的文化性及其翻译　/63
　　第二节　习语翻译　/74
　　第三节　数字缩略语的翻译　/80
　　第四节　色彩文化内涵与翻译　/85
　　第五节　异化翻译的可接受性　/91

第四章　词语翻译的增减法　/97
　　第一节　汉译英增词法　/97
　　第二节　汉译英减词法　/101

第五章　词语的正反翻译　/106
　　第一节　词语的否定翻译　/106
　　第二节　词语的肯定翻译　/112

第六章　常用词语的用法与翻译　/117
　　第一节　and 的用法与翻译　/117
　　第二节　of 的用法及翻译　/122
　　第三节　no 的用法及翻译　/125
　　第四节　but 的用法及翻译　/128

第七章　专题研究　/134
　　第一节　汉英翻译中的汉字原形照搬　/134
　　第二节　音译的理据、原则及补偿策略　/146
　　第三节　汉语语义重复词句的省译　/156
　　第四节　科技术语的翻译　/160
　　第五节　汉语流行语的英译　/165

参考文献　/169

第一章 词语意义及其翻译

遣词造句,组句成篇,是写作的基本过程,也是翻译的基本过程。遣词的前提是知道词语的意义,只有懂得了词义,才能准确选择词语。正确理解源语言(source language)的词汇意义,并在目的语(target language)中选择恰当的表达方法是翻译过程中工作量最大的一部分。英国的翻译理论家 Peter Newmark 就曾说,"文本翻译的大多数工作都是在词汇层面上完成的"(The largest quantity of translation in a text is done at the level of the word.)。(Newmark,1988:55)由于词语意义存在复杂性,同一词语既有本义和引申义之分,又有语境意义之别,因此,了解和掌握词语的意义并不像人们想象的那么简单。在翻译实践中,把词语的字面意义当成概念意义翻译的现象时有发生,翻译中诸多笑话就是这样产生的。

就双语转换而言,词义为什么难以把握?有几个原因:一是不同语言中,词汇意义的构成各不相同,比如英汉语言不仅书写符号千差万别,词序和语序也各不相同;二是不同的语言中,词汇的使用规范不尽相同;三是词汇意义本身是一个动态的、不确定的概念,当词或词组独立存在时,只不过是一些语言符号,只有放在一定的语境中才有意义(王武兴,2003:1);四是词语的意义是发展变化的,历时意义和共时意义是不同的;五是词语意义还会因时因地因人而异,有时好话也变成坏话。

翻译发轫于理解。理解是语义辨析、语法分析和逻辑判断三者相互交叉的过程,其中语义辨析是理解过程的重中之重,语法分析和逻辑判断都是围绕语义辨析展开的。语义的最基本单位是词义。因此语义辨析要从词义辨析开始,而要正确辨析词义,就要对词语意义有个全面的了解。

第一节 词语的意义概说

"词"是比短语小、比音段大的一种结构,可以根据表示方法、表现的思想,或者纯形式范畴的不同而得出不同的定义。

《词、意义和词汇：现代英语词汇学引论》(Words, Meaning and Vocabulary: An Introduction to Modern English Lexicology)对它的定义是：

不可分隔的结构单位，由一个或几个词素组成，通常在短语结构中出现。(An uninterruptible unit of structure consisting of one or more morphemes and which typically occurs in the structure of phrases.)

根据这个定义，英语词有如下4个特点：词是不可分割的单位，词可以由一个或几个词素组成，词通常出现在短语结构中，词应该属于某个词类。

词的比较通行的定义是：词是代表一定的意义，具有固定的语音形式，可以独立使用的最小的结构单位。从这个定义不难看出，词首先是一种语音义结合体，但不一定是最小的语音义结合体，这和语素不同；其次，词必须能独立使用，就是说，它能自由地用来造句；再次，词必须是"最小的"可以独立使用的结构单位。(卢英顺,2007:1-12)

意义不仅是哲学和逻辑学研究的核心课题，也是语言学和翻译学研究的核心课题。"意义"这个词和它相应的动词"意指"是英语中争议最多的术语之一，语义学家常常花费很多时间来推敲"意义的各种意义"。关于意义的实质历来学派林立，观点纷杂。人们从不同的角度，如哲学、逻辑学、心理学、社会学、语言学、翻译学等对意义做出了不同的诠释。比如，从语言交际过程中参与者的角色出发，可将语义划分为讲话者的意义和受话人的意义；从逻辑学角度可将意义分为内涵义和外延义；从哲学角度将语义分为经验意义和先验意义。(王寅,2014:150-151)

英国的奥格登(C. K. Ogden)和理查兹(I. A. Richards)专门写了名为《意义的意义》的专著来研究意义。他们从理论和非理论的不同观点出发，列出了"意义"这个词的22种定义。下面不妨列举几种：

一种内在的特征；

一个词的内涵；

符号使用者实际所指的事物；

符号使用者应指的事物；

符号使用者自认为所指的事物；

……

奥格登和理查兹列出这些定义的目的是想说明对意义这种基本概念存在不一致的看法是怎样导致混乱和误解的。(利奇,1987:1-2)奥格登和理查兹提出了著名的语义三角形理论。该理论包含以下几个含义：

①概念/思想(concept/thought)和客观事物(referent thing)之间是直接的联系。概念是在客观事物的基础上概括而成的，是客观事物在头脑中的反映。二者用直线连接，表示 a concept refers to a thing，即概念反映客观事物。

②概念(concept)与符号/词(symbol/word)之间也有直接的联系。概念是通过符号表达出来的，二者用实线连接，表示 a word symbolizes a concept，即词表示概念。

③符号或词(symbol/word)与指称物/事物(referent/thing)之间没有直接的、必然的联系，二者之间具有任意性，是约定俗成的。二者用虚线表示 a word stands for a referent，即词代表指称物。符号与指代物之间没有内在的必然联系，真正的联系存在于人的头脑之中。

王寅将收集到的有关意义的17种解释分为7大类：指称论、观念论、证实论(真值论)、功用论(行为论、语境论、意象论)、成分论(替代论、关系论)、现象学(存在论、解释学、解构论)和认知论(多元论)。每一种理论都对意义进行定义。比如，指称论认为名称指称对象，句子指称情景和事件，语言符号的意义就是词语与所指称对象的关系。观念论将意义视为"观念、概念、内容、思想、本质"。功用论认为思想、概念、语词之类的意义在于"会引起什么行动"，"可产生什么样的实际效果"，概念的意义就是概念的使用效果。维特根斯坦认为："一个词的意义就是它在语言中的使用。"(维特根斯坦，1996)语境论极力主张从社会功能和使用情景的角度来考察语言，区分了语言的"字面意义"(literal meaning)和"情景意义"(situational meaning)，并认为语言的使用意义只能在具体语境中来确定其字面意义所要实际表达的情景意义。(王寅，2014:32 - 53)

就语言学的方法论而言，大体上可分为两类：静态的意义观和动态的意义观。传统上划归"语义学"的部分，如词汇意义、语法意义及逻辑真值等属于静态意义，而划归"语用学"的部分，如含义、用意等所谓使用中的意义(meaning in use)(Katz，1987)属于动态意义。(卢玉卿、温秀颖，2009)

汉语"意义"一词有几层含义：一指人或事物所包含的思想和道理；二指内容；三指美名、声誉；四指作用；五指价值。

一个词在语言中的使用就是它的意义。词语的意义乃是作者或者说话人试图传达并期望"被理解"的东西，常常与他们的(某种)意图相关。换言之，意义是一种蕴含在语言环境之中并与"意图"直接相关的东西，一种与言语目的相关的言语含义(signification),一种"言下"或者"言外"的旨意。意义常常表现为某种言语的功能,因而往往需要通过某种言语的功能去显示。

从语义学和语用学的视角来看,意义有两层意思:一是看看"表达了什么";二是看看"是怎么表达的"。换言之,"意义"必须和人联系起来才会发生真实的意义。意义常常不是比语言材料多些什么就是少些什么。所以,意义不是指词或者脱离语境的句子的含义,因为意义包括内容和情感,意义不能脱离主题。

对于翻译而言,比较科学而且实用的还是社会符号学的意义观。根据社会符号学的观点,语言(无论声音还是文字)是一套符号体系,单个的语言符号本身没有意义,也没有表达意义的潜势。只有当它满足两个条件,语言符号才具有实际的意义(即通常说的意义):①它成为一个符号体系的一分子,即同其他的符号共同组成一种体系时,它才从这一体系中获得表达意义的潜势;②在交际事件中,符号被人们赋予了一定的信息载荷(information load)。从这个角度来说,意义的本质是语言符号在交际事件中的信息载荷。语言符号的意义潜势既有随意性又有社会性。(王武兴,2003:2)所谓随意性,是指语言符号的能指与所指之间的关系是任意的;所谓社会性,是指某个语言符号如果要进入一个语言系统,必须先获得一定范围的社会认可。例如,"爸爸"这个词进入汉语系统后,作为子女对父亲的呼唤语之一,得到了一定范围的社会认可,从而具有了表达意义的潜势。(王武兴,2003:2-3)语义必须在语境中,从语内、语外两个视角去把握。仅在语言的表层上打主意,是无法把握语义真谛的。只管"望文",是不能"生义"的。例如,电影、戏剧中"主演"的翻译,在《汉英词典》中的标准答案是:"play a leading role in"但在英文原版电影的片头字幕上写着的却是"starring somebody and somebody else";"名牌"的翻译,在一般的字典上都是 famous brand,其实更地道的英语说法是 name brand;把"纸老虎"翻译成 paper tiger 是一种创造,而把"纸钱"翻译成 paper money 却是一个笑话。

翻译就是译意。对于翻译涉及的意义有多少种类这个问题,语言学家和翻译理论家有不同的观点。英国语言学家利奇(Geoffrey Leech)把意义分为7类:外延意义(即概念意义,denotative meaning)、内涵意义(connotative meaning)、风格意义(stylistic meaning)、情感意义(affective meaning)、联想意义(reflective meaning)、并列(搭配)意义(collocative meaning)、主题意义(thematic meaning)。除了主题意义,其他6种意义都与词义密切相关。

美国行为语义学家、符号学家莫里斯(C. W. Morris)在其1938年出版的《符号理论基础》(*Foundations of the Theory of Signs*)依据符号学的3种关系,即符号与其所指称或描写的实体与事件之间的关系——指代关系;符号与符号之间的关系——(符号)句法关系;符号与符号使用者之间的关系——语用关系,区分了与之相对应的3类意义——指称意义、言内意义和语用意义。而语用意义可以划分为表征意义、表达意义、社交意义、祈使意义和联想意义。

奈达(Eugene A. Nida)通过对处在同一语义场(semantic field)中的词项进行诸层次分析,揭示了同一个词汇在不同语义层次中的意义区别,并由此提出了语义分3类的观点。奈达的3类语义分别是语法意义(grammatical meaning)、指称意义(referential meaning)、内涵意义(connotative meaning)。

我国著名翻译理论家刘宓庆把意义分成6类——概念意义(conceptive meaning)、语境意义(contextual meaning)、形式意义(formal meaning)、风格意义(stylistic meaning)、形象意义(figurative meaning)、文化意义(cultural meaning)。

上述学者的意义分类,有些是相互重叠的,比如,内涵意义就包含情感意义、联想意义和文化意义等,只不过划分的角度不同。这些意义分类都是站在共时的角度进行的。我们认为,从历时和共时角度看,意义还可分为历时意义和共时意义。有些词语的历时意义和共时意义是不同的,甚至大相径庭。翻译要注意词语的历时意义,不能用共时意义代替历时意义,否则会误导读者。

第二节　指称意义及其翻译

"指称意义"是我们运用语言进行交际的过程中表达的最基本的意义。指称意义又称概念意义或认知意义,指符号所代表事物的基本特征的抽象概念,是语言符号和它所描绘或叙述的主观世界或客观世界的实体和事件之间的关系。在大部分情况下,它所代表的都是符号的基本内容及其所传递的主要信息。它是语言交际的核心因素,是词义的基础,即词汇的所指对象。一般认为,词典中词条下的第一个意义都是指称意义,如 apple——苹果,woman——女人。

指称意义的核心内容是区别性特征。比如,apple 语义成分可划分为 [plant] + [round] + [firm, juicy fruit],woman 可划分为 [human] + [female] + [adult]。"单身汉"划分为人+成年+男性+未结过婚。

指称意义和字面意义在大部分情况下是重合的,它们是从两个不同的角度去看的两个不同的概念,指称意义是词语同它之外的某个实体之间的关系,而字面意义则是单个词语最先在语言使用者脑中唤起的概念或形象。如 Indian meal 和 Indian summer 的指称意义分别是"玉米粥"和"小阳春",而字面意义则分别是"印第安饭"和"印第安夏天"。

在大部分情况下,指称意义是语言符号的基本内容和它所传递的主要信息。在英汉语翻译中,要注意词语似是而非的指称意义,即某些词语表面上似乎指同一事物或概念,其实指的是不完全一样的意义,甚至相反的意义。像这样似是而非的词语在翻译上被称为假朋友。"假朋友"一词来自法语 faux amis,现主要指语义结构上相似或相同,但含义不相同的词或句子。如 street woman 看似是"街道妇女"的意思,其实它的真实含义是"妓女"。汉语的"出口",如果是指通道的出口,应译成 exit;如果是指商品的出口,应译成 export。汉语的"牧童"和英语的"cowboy"之间的含义不相同。

正确鉴别"假朋友"对翻译很重要,否则就会闹翻译笑话。下面列举一些词语中的假朋友:

oil skin 油布(不是油性皮肤)

good seats 好票(并非好的席位)

fish wife 卖鱼女、泼妇(不是雌鱼)

white day 黄道吉日(不是白天)

table knife 餐刀(不是桌上的刀)

smell a rat 怀疑(不是嗅到老鼠)

red meat 牛、羊肉(不是红肉)

blue coat 警察(不是蓝色上衣)

red cap 搬运工(不是红帽子)

mad doctor 精神病医生(不是疯子医生)

dog ear 书的折角(不是狗耳朵)

familiar talk 庸俗的交谈(不是熟悉的谈话)

husband like 善于管理农活的(不是像丈夫一样的)

bite the thumbs 对……嗤之以鼻(不是咬大拇指)

divorce lawyer 办理离婚案的律师(不是离婚的律师)

yellow book 黄皮书(法国政府报告书)(不是黄色书)

twice-told tale 老掉牙的故事(不是讲过两遍的故事)

pull up ones' socks 鼓起勇气(不是拉上袜子)

blue moon 难得的机遇(不是蓝色的月亮)

white lie 善意的谎言(不是白色的谎言)

black coffee 不加牛奶或糖的咖啡

American beauty 一种生长在美国的蔷薇科植物,一年四季都开大朵的紫红色花,又称月月红(不是美国美女)

German wool 细毛线(不是德国毛线)

eat one's words 承认说错话(汉语的"食言"可译成 go back on one's word/break a promise)

sea dog 海豹(不是海狗,海狗是 fur seal)

paper money 纸币、钞票(不是纸钱。祭祀用的纸钱是 joss paper)

rest room 厕所(不是休息室,汉语的休息室是 lounge)

China rose 月季花(不是中国的玫瑰)

English disease 软骨病(不是英国的病症)

French leave 不辞而别(不是法国式的离开)

love apple 番茄(不是爱的苹果)

busy boy 爱管闲事的人(不是忙碌的人)

cold pig 泼醒人用的冷水(不是冷猪)

eleventh hour 最后时刻(不是 11 点钟)

dog's day 三伏天(不是狗的节日)

Spanish athlete 乱吹牛的人(不是西班牙的运动员)

有的词语指称意义在英汉语中相同,但包含的价值观不同。如"individualism"在英语中是褒义词,是西方价值观念中最核心的理念,是一种道德的、政治的、社会的哲学。个人主义认为个人利益是决定行为的最主要因素,强调个人的自由和个人权利的重要性,以及"自我独立的美德",个人主义反抗权威以及所有试图控制个人的行动。所以在西方社会,个人主义并没有贬义。维基百科词典对 individualism 的定义是:

Individualism is the moral stance, political philosophy, ideology, or social outlook that emphasizes the moral worth of the individual.

在汉语中"个人主义"具有贬义。《现代汉语词典》把"个人主义"定义为"资产阶级世界观的核心观念,主张把个人的独立、自由、平等等价值及权利放在第一位。个人主义是资产阶级反对封建主义的思想武器。只顾自己、不顾他人的极端个人主义,是与集体主义的道德原则相违背的"。过去"个人主义"一直译为individualism,现在改译为self-centered behavior。

汉语的"自由主义"与英语的liberalism同样有不同的感情色彩,前者是贬义,后者是褒义。"政治运动"与"political campaign"所指也不同。前者实际上就是阶级斗争,在中国往往使人想起20世纪六七十年代的政治运动,因而无形中被赋予贬义色彩。后者指英美政府职务的候选人为了树立自己的形象,争取选票而组织的活动,即竞选活动。

翻译英语词语时,还必须注意以下3方面:

一是词语的专指性和泛指意义。在英语中有不少词(尤其是名词)开头字母大写时具有专指的概念,小写时又有泛指意义。例如:China(中国)——china(陶瓷),Turkey(土耳其)——turkey(火鸡),Capitol(美国国会大厦)——capitol(美国州议会大厦),the City指的是the city of London,即英国伦敦的商业区。

又如:

(1) He is the Speaker.

他是议长。

(2) Where is the Book?

那本《圣经》在哪里?

(3) Do you know anything about japan?

你知道日本漆吗?

the Speaker指"英国下议院议长"或"美国众议院议长",the Book就是 the Bible(《圣经》),japan指"日本漆"或"日本漆器"。

二是英美词语的差异。英语不单是英国的语言,而且是美国和英联邦诸国的主要语言。地理跨度和历史变迁使得英语在上述国家产生了变体。尤其是英国英语和美国英语,无论是词义还是句法结构,都存在很大的差异,以致英美人士用英语交流有时还会产生误解,乃至闹笑话。比如:一个美国人初到英国,去店里买一辆sedan(美国英语:轿车),不料售货员说:"本公司从来不卖sedan(英国英语:轿子),你要sedan请到博物馆去问。"美国人指着一辆大轿车说:"这不就是sedan吗?"英国售货员却说:"不,这是saloon。"美国人听罢更觉莫名其妙,因为在美国英语中saloon意为"沙龙",即"雅致的大会客室"。再如,一个美国少女和英国少女游玩一天回来,英国少女说"I'm really knocked up."(英国英语:我累了)。美国少女马上说:"Congratulations!"因为在美国英语中 be knocked up 意为"怀孕了"。英国少女不解,问"Why do you say that?"。美国少女亦不解,反问道"Why shouldn't I?"。再如:

(1) Would you like to eat some crackers?

这句话如果是问英国人,会使他们不知如何回答,因为 cracker 在英国英语里意为"爆竹",而在美国英语里意为"饼干"。

(2) I'm so glad to see so many homely faces here.

同样,这句话要是让美国人听了会使他们感到愤然。因为 homely 在英国英语里意为"朴实的""亲切的",而在美国英语里意为"不好看的"。

(3) We will table the motion.

我们要把这项议案搁起来。(美国英语)

我们是要把这项议案列入日程的。(英国英语)

英美词语的差异除了读音不同,还表现在以下 3 个方面:

①同一指称意义在英美语言中用不同的词语表达,如"足球"美国英语表达为 soccer,英国英语表达为 football;"影片"英国用 film,美国用 movie;"电梯"英国用 lift,美国用 elevator;"罐头"英国用 tin,美国用 can;"寄信"英国用 post,美国用 mail;"铁道"英国用 railway,美国用 railroad;"公用电话亭"英国用 call box,美国用 telephone booth;"消声器"英国用 silencer,美国用 muffler。

②同一词语在英美语言中意义不同,如 pavement 美国英语意为"车行道",英国英语意为"人行道";guy 在美国英语可指"任何普通人",而在英国英语中则指"古怪荒诞的人";calico 在英国专指"白布",而在美国指"印花布";corn 在英国泛指"谷物",而在美国专指"玉蜀黍";美国人的 overall 指一种宽松的工作裤,而英国人却用 overall 表示与皮靴相配的紧身裤;英国英语中的 dodger 指"滑头滑脑、长于行骗的人",美国英语中同样一个词却表示"玉米饼"或"小传单"。(宋启军,2012:57)

③词汇空缺,彼此没有对应的词语,如 class 在美国英语中意为"同年级者",而英国英语没有这层含义。

三是词典释义与译语表达。词语的词典意义是理解和翻译的根据,但翻译时不能完全照搬词典意义,一定要根据译语的表达习惯翻译词语,使译语更具可读性。例如:

(1) He was mature in years and tried in wars but had the old, inbred arrogance of

his family.

他正当壮年,<u>久经沙场</u>,但是带有他的家族的那种<u>年深月久、代代相传的傲慢习气</u>。

(2) His speech was Irish throughout, <u>versatile, witty</u> and occasionally <u>pointed</u>.

他的演说自始至终带有爱尔兰人的风格,<u>洋洋洒洒,妙趣横生</u>,有时则很<u>犀利深刻</u>。

(3) Dawn breaking over the islands, <u>very beautiful in a soft grey light with many clouds</u>. There is a transparency about the light here which cannot be described or painted.

曙色中的海岛美极了,<u>晨曦柔和,彩云片片</u>。澄澈的光影是无法描写也无法描绘出来的。

试比较:拂晓降临岛上,灰色的柔光,有许多云彩,景色美丽极了。这里有透明的光线,它是不能描写也不能画出来的。

若是按词典释义进行翻译,这个句子就失去了可读性。

(4) I think we were all mad, more or less, at that time. I only want to show that there was <u>method in my madness</u>.

我认为当时我们都或多或少有些狂。我只想说明,我是<u>狂而不乱</u>。

(5) But presently came <u>the anti-climax</u>. One in the back of the hall got up to ask a question.

就在这时,忽然来了一个<u>大煞风景</u>。大厅后排一位听众站起来提出了一个问题。

(6) He <u>sought the distraction of distance</u>.

他想<u>远走高飞,免得心烦</u>。

(7) For me personally, it was <u>a blessing in disguise</u>.

这对于我个人来说,是<u>祸中得福</u>。

(8) His fury was exaggerated.

他大发雷霆,未免小题大做。

(9) To requite the lenity of the father, they <u>take up arms against the son</u>, conquer, pursue, take, imprison, and at last put to death the anointed of God, and destroy the very being and nature of government: setting up a sordid imposter, who had neither title to govern, nor understanding to manage, but <u>supplies that want, with pow-</u>

er, boldly and desperate counsels and craft, without conscience.

然而对于老王的一番宽待,他们报之于其子的却是<u>兴兵犯阙</u>,<u>攻捕拘系</u>,<u>无所不至</u>,终于上天授命的君王遭弑,政府仰赖的基业被毁;然后把一个望之不似人君的巨猾拥为首位,其人既掌国无名,又治世乏智,而于其不足,则<u>济之以种种暴力奸计</u>,<u>凶残乖张</u>,丧心病狂。

四是根据语境翻译。语境框定词义。有些语义非常清晰的普通词语在一定的上下文中要做一定的引申。例如:

(1) I have read with much satisfaction the phrase which you quote concerning the number of strong-holds. <u>Yes</u>, there must be few of them, but good ones.

我读了你所引用的关于要塞数量的话,十分满意。<u>你说得对</u>,要塞不宜过多,但要精工修造。

(2) When Smith pointed out that he had spread the rumor, he vehemently retorted, "<u>No, no.</u>"

当史密斯指出他散布了谣言时,他激烈地反驳说:"<u>没有那事,没有那事</u>。"

(3) He had been anxiously looking round him for an aristocratic face, in order that he might tell him what he thought, but could not recognize lord this or duke that. <u>No. No.</u>

他向周围殷切地张望,想找到一位贵族的面孔,以便向这个贵族谈谈他的看法,但是他认不出这位勋爵或那位公爵。<u>认不出</u>。<u>认不出</u>。

上述例子中的 yes 和 no 并没有照搬词典释义"是"或"不",而是根据语境做了引申。

(4) <u>Then</u>, his triumph was complete.

<u>到了这时</u>,他已取得了完全的胜利。

(5) On the surface, <u>then</u>, all was well that ends well.

<u>事情做到这一步</u>,表面上算是皆大欢喜了。

(6) Throughout the year, <u>then</u>, he continued to have stormy relations not only with his allies, but also with his followers.

<u>就这样</u>,在整个这一年中,他不仅和他的盟友,也和他的追随者发生了一场又一场的风波。

第三节　语用意义及其翻译

语用用意指言语行为理论中的"以言行事"（illocutionary），也就是言语的意向。语用用意有两类：暗含的（implicit）和明说的（explicit）。前者指言下之意，后者指字面的用意。人们在交际中往往不是直陈其事，因为某种特殊原因或为了达到某种特殊目的，说话人或写作者真正要表达的不是字面的意义，而是要表达言外之意或弦外之音。句子的意义是没有时间性的，而话语意义则随着语境的改变而发生变化。翻译时要根据语境辨认原文暗含的用意。如"He is a good friend."字面意思是"他是个好朋友"，而在一定的语境中可能表达的是"他是个背信弃义的朋友"。（李勇忠、周丽芳，1999：2456）

语用意义种类有很多，包括内涵意义（联想意义）、表征意义、风格意义、搭配意义、情感意义、表达意义（主要同发讯人有关）、社交意义等。

1. 内涵意义

关于词语的内涵意义，《朗文语言教学及应用语言学辞典》（Richards et al., 2000：97）给出的定义是"词或片语的基本意义之外的意义。表示人们对词或片语所指的人或事物所怀有的情感或所持的态度"。《语言与语言学词典》（Bussmann H, 2000：96）给的定义是"语词所包含的情绪或感情的成分，又称情感、联想或偶然意义"。

内涵意义又称含蓄的意义，指人们在使用语言时所附加给语言的意义，这是一种语言之外的、人体感觉的以及社会行为方面的意义，是人们对所用语言的某种情感、文化反应。内涵意义的理解必须考虑三个方面的因素：一是词语的使用者；二是词语所使用的场合；三是词语所处的语言环境。例如，汉语的"狐狸"和英语的"fox"，都是指一种动物，由于狐狸天性狡猾，因此有"狡猾"的引申义。此外，这个词在英语中还可指漂亮的女人。再如：

(1) This nursemaid is a lamb.

这个小保姆很温顺。

(2) Tom is a pig.

汤姆是个贪吃的家伙。

(3) There is a mixture of the tiger and the ape in the character of the imperialists.

帝国主义者的性格既残暴,又狡猾。

(4) That fellow is a mule.

那家伙很顽固。

上述例句中,lamb(羔羊)、pig(猪)、tiger(老虎)、ape(猿)和 mule(骡)这些具体形象被引申为这些形象所代的属性:温顺、贪吃、残暴、狡猾和顽固。

内涵意义包括联想意义。所谓联想意义,指通过某些词语引起听者或读者联想的意义。触景生情,借物喻义,这是日常生活和文学作品中的常见的语言现象,也是各民族共同的思维方式。比如,汉族人看到松、竹、梅,就会产生傲骨凌霜、坚贞不屈的语义联想。兰花在中国人心目中的形象是幽雅脱俗的,是中国文人墨客所喜欢的花中四君子之一,而在西方,orchid(兰花)却并不馨香,有些墨守成规的人不敢提"兰花"。荷花在中国人心目中形象高尚,"出淤泥而不染,濯清涟而不妖,中通外直,不蔓不枝",是纯洁、正直、独立、清高、庄重的象征;而在西方,从古代起,荷花即象征繁殖力及有关观念,如出生、性、死者的转生等,在占星术中象征旭日。(巴竹师,1997:24)由于不同民族的地理环境和文化背景不同,同一词语会引发不同的语义联想。比如,"醋"是日常生活中的调味品,具有酸味,在汉文化中用以喻指一种不健康的嫉妒心理,特别是男女交往中的嫉妒心理,如"吃醋""醋劲""醋坛子"。这种喻义不仅在日常生活中应用广泛,在文学作品中也屡见不鲜。如:

(5)(赵辛楣)一肚皮的酒,几乎全化成酸醋……(钱钟书《围城》)

The wine in Hsin-mei's stomach turned to sour vinegar in his jealousy.

西方人虽然吃醋,却很难把它与嫉妒联系在一起,故译者在译文中增译了"in his jealousy"这一短语,以便西方读者了解中国的文化背景知识和理解句子的隐含之义。(包惠南,2001:15 – 16)

内涵意义大都与文化有关,是词语文化语义的具体表现。同一词语在不同文化背景中内涵意义有可能一致,也有可能不同。如英语中的 goose 有"愚蠢"的内涵意义,但汉语中的"鹅"却没有这种不好的内涵意义。中国人会由"松""竹""梅"联想到岁寒三友具有的傲骨气节和坚贞不屈,从而赋予它们高尚的道德情操,而英语的对应词 pine、bamboo 和 plum 却没有这种伴随意义。英语的 white elephant 被用来比喻耗费钱财而无实际用途的东西,而汉语中却没有这样的引申义。所以汉语"白象"牌(电池)被译为 White Elephant 不被英美人士接受。汉语的"鹤"有独特的文化语义。"鹤"表示长寿,如"松鹤延年""鹤寿千岁,以极其游"。"鹤"还有"归隐"之意,如"闲云野鹤""心同野鹤与尘远,诗似冰壶见底清"。英语的 crane 因其颈长而具有"伸长脖子"的转义,没什么文化语义。

词语的内涵意义往往要在语境中才能体现出来。例如:

(6)崛起的长城

A Rising Star in Wenzhou:Zhejiang Great Wall Electric Appliances Incorporation

这是一个企业电视宣传片的标题。其公司名为"长城",故用"崛起的长城"为标题。但若译成 the rising Great Wall,不仅不通,且意义不明。根据电视片内容,用了 a rising star 来替代,再加上公司的名称,"崛起的长城"的意义也就清楚了。

与理性意义相比,内涵意义比较不稳定。内涵意义经常随着文化、历史时期和个人经历的变化而发生很大变化。(利奇,1987:18)

2. 表征意义

表征意义指话语中揭示发讯人身份及其地理、历史和阶级背景,以及性别、年龄、在交际中的态度(友好、冷漠、高傲或卑下等)的成分。例如,如果一个美国人说英语时老是漏掉规则动词过去时的词尾(He walk home.)或者联系动词 be(He running to the store./She in the third floor.),那么几乎可以断定说话人来自美国下层社会。(柯平,1993:27)再如:

(1)We are going on vacation to see the fall colors in the forest.

我们要去度假,看看森林里的秋色。

vacation 和 fall 具有明显的表征意义:这是美国英语,说明说话的人是个美国人。

(2)How I gwyne to ketch her en I out in de woods? No; some er de niggers foun'her ketched on snag along heath in de ben', en dey hid her in a crick ' mongst de willows, en dey wuz so much jawin' ' bout which un ' um she b' long to de mos' dat I come to heah ' bout it pooty soon, so I ups en settles de trouble by tellin' ' um she don't b' long to none uv um, but to you en me; en I ast t ou en me; en I ast ble by tellinawss? No; some propaty en git a hidn I ast bl

我已经躲到那边林子里了,怎么能张(抓)住?是这儿几个黑人发现木伐(筏)给一块礁石当(挡)住了,就在这河湾里,他们就把它藏在小河浜里,在柳树的深处。他们为了争木伐(筏)归谁,争得不可开焦(交),很快就让我听到了。我跟他们讲,木伐(筏)本不是他们当中哪一个人的,原本属于你和我的。我还说,你们难道想从一个白人少爷手里,把他的财产给夺去,藏起来?

这是马克·吐温的小说《赫克尔贝里·芬历险记》第 18 章中,黑人吉姆再次见到赫克尔贝里·芬时说过的一段话。这段话读起来很幽默,让人感到好笑,因为里面错字很多,具有明显的表征意义,清楚地表明吉姆身上的一些特征:吉姆是一个没有文化的人,话说不好,发音不准。(陈炬,2010:73-74)

在汉语中,长辈问小孩年龄,可以说"多大了",晚辈问长辈年龄就不能用"多大了",而要说"高寿"。客人来访,如果主人是没有受过文化教育的,他(她)只会说客人来了很高兴,绝对说不出"蓬荜生辉"的话。

3. 风格意义

因使用场合的不同,词语会在语言交际中显出不同的"风格意义"。这种风格表现为或文雅,或活泼,或死板,或风趣,或机智,或随便,或正式,或亲密,或严谨等。比如,"生日"和"生辰"意义相同,但语体色彩不同,前者是口语,后者是书面语。可以说"今天是张三的生日",但不能说"今天是张三的生辰"。"妈妈"和"母亲"概念相同,但风格意义不同,前者用于口语中,后者是书面语。同样地,mother、mummy、mom 等使用场合不同,风格意义也不同。"父亲"和"爸爸"都是和儿子(女儿)相对,前者书面语色彩浓,后者口语化。我们说"他是一名伟大的父亲"而不说"他是一名伟大的爸爸",因为"伟大"是一个书面语色彩很强的词,用来修饰口语色彩极浓的"爸爸",就会显得不伦不类。再如汉语中夫妻之间的称呼。妻子对丈夫的不同称呼有相公、官人、夫君、外子、当家的、老公、我先生、孩子他爸、亲爱的等。相公、官人、夫君、外子是旧时的称呼,现在不用了。丈夫对妻子的称呼也是五花八门,如娘子、拙荆、愚妻、夫人、老婆子、老伴儿、堂客、内人、贤内助、孩子他妈等。有的是古代用的,有的具有地方方言色彩。

同样,表示"马"的词语有 steed(诗歌用语)、horse(一般用语)、nag(俚语)、gee-gee(儿童语言);表示住宅的词语有 domicile(很正式的公文用语)、residence(正式用语)、abode(诗歌用语)、home(一般用语)。(利奇,1987:20)

词语的风格意义在翻译时要体现出来。例如:

wind:风(普通文体)、风云(文学文体)。

red flower:红花(普通文体)、红艳艳的花儿(文学文体)。

green willow:绿柳(普通文体)、柳色青青(文学文体)。

再如:

(1) The dust, the uproar and the growing darkness threw everything into chaos.

<u>烟尘滚滚,人声嘈杂,夜色渐深</u>,一切陷入混乱之中。

译文中3个并列的"名词+动词"的结构构成了形容词词性,不仅符合原文节奏,而且使混乱的场面跃然纸上。

(2) "It's plain to me, he's <u>off</u>."

"Do you mean that he has deserted his daughter?"

"Ay! I mean," said Mr Childers, with a nod, "that he has <u>cut</u>. He was <u>goosed</u> last night, he was <u>goosed</u> the night before last, he was <u>goosed</u> today—"

"在我看来事情很清楚,他已经<u>溜</u>了。"

"你是说他已经把女儿抛弃了吗?"

"唉!"齐儿德斯先生点了点头,"我是说,他已经<u>一溜烟地跑</u>了。他昨天晚上挨'<u>嘘</u>',前天晚上挨'<u>嘘</u>',今儿又挨'<u>嘘</u>',还能待下去吗?"

这是狄更斯《艰难时世》一书中的一段文字,用了俚语,译文也用俚语。

(3) "Is this his <u>design</u> in settling here?"

"<u>Design</u>? Nonsense, how can you talk so! But it is <u>very likely</u> that he may fall in love with one of them, and therefore you must visit him as soon as possible."

"他住到这儿来,就是为了这个<u>打算</u>吗?"

"<u>打算</u>? <u>胡扯</u>,这是哪儿的话!不过,他倒<u>作兴</u>我们的某一个女儿呢!他一搬来,你就得拜访拜访他。"

如果是小说等叙事文体,译文择词要根据语境、说话者身份等恰当地选择。有对话时,应选择口语化的词汇。

(4) On one of those sober and rather melancholy days in the latter part of autumn, when the shadows of morning and evening almost mingle together, and throw a gloom over the decline of the year, I passed several hours in rambling about Westminster Abbey. There was something congenial to the season in the mournful magnificence of old pile; and, as I passed its threshold, it seemed like stepping back into the regions of antiquity, and losing myself among the shades of former ages.

时方晚秋,气象肃穆,略带忧郁,早晨的阴影和黄昏的阴影,几乎连在一起,不可分别,岁云将暮,终日昏暗,我就在这一天,到西敏寺去散步了几个钟头。古寺巍巍,森森然,似有鬼气,和阴沉沉的气候正好调和;我跨进大门,觉得自己已经置身远古,相忘于古人的鬼影之中了。(夏济安译)

译文译者没有停留在原作的"文字"和表面的"语意"上,而是调动了自己的艺术再创造能力,营造出一种古风幽然的意境,从而赋予译作感人的艺术魅力。

(5)"I <u>kept</u> it from her <u>arter</u> I heard on it," said Mr. Peggotty, "going on nigh a year. We was living then in a <u>solitary place</u>, but among <u>the beautifullest</u> trees, and with the roses <u>a-covering</u> our Bein to the roof..."

译文1:"<u>起那时俺</u>听了消息后,"辟果提先生说,"瞒着她快一年了。<u>俺们</u>那时待的<u>地方挺背</u>,前后八方的树林子<u>说不出的最漂亮</u>,屋顶尽是蔷薇花儿……"

译文2:"我听到那消息以后,"辟果提先生说道,"瞒了她差不多一年。我们当时住在一个僻静的地方。周围有十分美丽的树,屋顶上有蔷薇花……"

辟果提是英国小说家狄更斯所著《大卫·科波菲尔》中的人物,此人没有文化,说话不规范,上引寥寥数语中就有不少用词和句法的毛病。译文1以一个没有受过文化教育的乡下人的口吻用方言如实地表达辟果提的不通顺语言,把他说话的语气表现得惟妙惟肖。而译文2没有忠实于原作语言,没有再现辟果提的神态。(张培基,2008:8-9)

4. 搭配意义

词语通常被视为词与词的组合。词语的整体意义多数情况下不能说是由词的指称意义加起来认定。"有些词语不能用来指称,或没有指称对象(unicorn等),很难说这些词语就没有意义。"两个或几个词搭配在一起,构成了新的意义。对于词语的翻译应着重于词与词的搭配,这种搭配要视情景、语境而定,或视源语词语内在的语境而定。可以这么说,两个或几个词叠在一起,若无语境制约就无意义可言;受语境制约,译语就形成意义。如汉语词语"乌龙"(mistaken incident),单看 mistaken 和 incident,如果无语境制约,意义就不清;翻译时将语境成分考虑其中,英译文中 mistaken 和 incident 搭配在一起,显得自然、妥帖。(赵瑛瑛,2018:88)

搭配是一种自然形成的语言现象,某一词语"喜欢"与另一词语共用,而不能与另一词语的同义词共用,限制因素不是句法,也不是概念含义,而是使用习惯。词语搭配是约定俗成的,比如我们可以说"这个人很胖",但不能说"这个人很肥",因为"肥"是用来修饰动物的,不能用来修饰人,除非有意开玩笑这么说。搭配并非绝对的,我们只能说某种搭配比较常见或不太寻常,而且搭配与逻辑和词义都无关。例如,中文里说"开支票",而不说"写支票"。在书面文字里,一般我们都会尽量避免用"写支票"这样的不寻常说法,尽管用"写支票"别人或许也懂。在英文里,开支票叫 write a check,绝对不会说成 open a check(说 open a check 恐怕没人懂,很可能会被理解为 open a checking account)。(蔡力坚,2019:181)

不同的词语搭配具有不同的意义,有的会表现其本义,有的具有引申义。如汉语中的"吃",在"吃饭"中,"吃"表现的是本义,但在下列词语搭配中,具有引申义,翻译时要用不同的词语表达。例如:

吃闭门羹 be denied/refused entrance at the door

吃耳光 get a box on the ears

吃败仗 suffer/sustain a defeat

吃官司 be sued/prosecuted and put in jail

吃回扣 draw/receive a commission/kickback

吃苦 bear/endure/suffer hardships

吃亏 suffer losses/come to grief

吃枪子儿 get shot/be shot dead

吃香 very popular

吃太平饭 enjoy/live/lead a peaceful life

吃罪 bear/take the blame

吃干醋 be jealous for no reason

吃得住 be able to stand/bear/support

吃得开 be popular/get along right

吃老本 live off one's past gains/achievements

吃红牌 get a red card

再以 good 为例:

good points 优点(好的)

have a good time 过得愉快(愉快的)

good debts 有把握的回款(可靠的)

a good beating 狠狠的一顿打(十足的)

good faith 虔诚的信仰(虔诚的)

a good journey 一路平安(平安的)

(1) Yet, as it sometimes happens that a person departs his life, who is really deserving of praises the stone-cutter carves over his bones, who is a good christian, a good parent, child, wife or husband; who actually does have a disconsolate family to mourn his loss. (选自 *Vanity Fair*)

不过我们偶然也有几个死人配得上石匠刻在他们朽骨上的好话。真的是虔诚的教徒、慈爱的父母、孝顺的儿子、贤良的妻子、尽职的丈夫。他们家的人也的确哀思绵绵地追悼他们。

good christian, a good parent, child, wife or husband 分别译为"虔诚的教徒、慈爱的父母、孝顺的儿子、贤良的妻子、尽职的丈夫"。

(2) He is either absorbed in business or distracted by the thousand engagements that dissipate time, thought and feeling in this huge metropolis. (选自 *Rural Life in England*)

他们大都忙于本身的事业,大都市中,可以占据他们的时间、搅乱他们的情感、分散他们的思想的事情又何止千百种。

dissipate time, thought and feeling 分别译为"占据他们的时间、搅乱他们的情感、分散他们的思想"。

有时词语所处位置不同,意义有天壤之别。例如,"不怕辣""辣不怕""怕不辣",词序不同,意义表现的程度不一样。"屡战屡败"与"屡败屡战",前者表现无能,后者表现顽强、奋勇的决心。

翻译要再现原文的内在含义及表达效果,不能照搬源语的搭配,否则会出现不符合逻辑的现象。例如:

(3) 文明只是个荒谬的状况。

如果照字面翻译,那就是 Civilization is but an absurd situation. 可是这样说根本说不通,我们通常无法把 civilization 称为 situation。其实,这里的"状况"并不重要,这句话的重点在于文明的荒谬性,只要能说明这一点,我们就已体现了原文的真实含义。译文可以是:Civilization is characterized by absurdity. (蔡力坚,2019:181)

5. 情感意义

"情感意义"用来表达说话者的感情和态度。

词语有感情色彩,有褒贬之分,这就是情感意义。在任何一种语言内,词语都可能带有一定的情感色彩,或褒或贬。这种褒贬之意之所以存在,是因为使用语言的人对于客观对象往往有一定的情感或在内心做一定的伦理评价。比如,形容一个用钱小心的人,我们可能说他"节俭"(thrifty),也可能说他"吝啬"(stingy)。(柯平,1993:67)"呼风唤雨"既比喻煽动性活动,也比喻人能支配自然。"例行公事"既指只注重形式、不讲究实效的工作,也指按照惯例处理公事。"绵里藏针"既指外貌柔和、内心刻毒,也形容柔中有刚。"谦谦君子"既指故作谦虚而实际虚伪的人,也指谦虚、能严格要求自己的人。"瞻前顾后"既形容做事前考虑周到细致,也形容顾虑太多,犹豫不决。"冷若冰霜"既形容人不热情,不温和,也形容人态度严肃。"冷眼旁观"既指用冷淡的态度从旁观看,不愿参加,也指用冷静的态度从旁审视。"另起炉灶"既比喻脱离集体,另搞一套,也比喻重新做起。"沙里淘金"既比喻费力大而成效少,也比喻从大量的材料中选择精华。"规行矩步"既比喻墨守成规,不知变通,也比喻举动合乎规矩,毫不苟且。"顾影自怜"既指孤独失意的样子,也指自我欣赏。"奇文共赏"可以指共同欣赏或分析研究文章,做褒义词,如"我们的语文老师,喜欢把同学的好作文贴出来,称之为奇文共赏",也可以指批判有错误的文章,做贬义词,如"这篇文章错误百出,我看可以来一个奇文共赏"。"如虎添翼"可以比喻本领很大的人又增加了新的助力,做褒义词,如"你的到来,让我们有如虎添翼之感,我们的力量更强大了",也可以比喻凶恶的人得到援助更加凶恶,做贬义词,如"某黑帮团伙在几个劳改释放人员加入之后,如虎添翼,更加嚣张"。把独生子比作"小皇帝""小祖宗",形容其至高无上、为所欲为,既有怨恼、指责的贬义,又有爱宠、亲昵的褒义。

  词语褒贬义受到语言内部因素的制约。首先,褒贬色彩随词性变化。形容词"神气"或带褒义,如全副武装,神气极了;或带贬义,如狗特务,别神气!动词"下场"为中性:演员下场了。名词"下场"为贬义:绝没有好下场。其次,汉语语素换序,也可引起词的褒贬色彩改变。"了不得"和"不得了"在表"情况严重"时均为贬义,但前者另有"大大超乎寻常,很突出"的褒义,后者在表"程度很深"时为中性。"斗争"在不同语境中分别呈中性或带褒义,"争斗"则分别呈中性或带贬义。"猎取",其后带"野兽"作宾语时,是中性词,其后带"名利"作宾语时,是贬义词。(杜佐华,1995:82-83)词语的褒贬色彩也会随着社会的发展变化而变化。社会环境因素的变化促使词义褒贬色彩发生演变,词义褒贬色彩的演变显示了民族社会变迁的态势,反映了词汇与其互动的共变关系。(孙国兰,2011:90)

  词语褒贬义还受到语言外部因素(如交际环境和交际对象等)的制约。比如,普通家庭成员之间称某某为"小姐",意在指责其好逸恶劳、贪图享受或过于追求打扮,带有贬义;而外交场合使用"小姐",或顾客称商店的女售货员为"小姐",则带有褒义。同样是对人的称呼,上对下直呼其名带有褒义,具有亲密色彩;下对上直呼其名则带贬义,有不敬的意味。(杜佐华,1995:81)

词语的感情色彩在同义词语中表现尤为明显,如 statesman 和 politician 是同义词,前者为"政治家",后者为"政客",感情色彩完全不一样。如 I used to be a politician. But since I came back from Beijing, I have been statesman.(我过去一直是吃政治饭的,但是自我从北京回来以后,我已成了一名政治家。)politician 具有贬义,statesman 具有褒义。ass 和 donkey 都指同一种动物"驴子",但前者含有强烈的贬义,指"蠢驴"或"愚不可及的笨蛋",后者却无此贬义。英国大哲学家罗素1948 年在英国广播公司幽默地表演了一个节目——"不规则动词的变化形式"。他列举的例子是"I'm firm, you're obstinate, he's pig-headed."(我坚定,你固执,他顽固)。这里 firm、obstinate、pig-headed 是一组同义词,其字面义都是指"不肯改变自己的意见或信念",但各自的情感意义大相径庭,故各有各的用处,说话人可根据自己对所谈及的事物的态度各取所需,firm 带褒义,pig-headed 带贬义,obstinate 则是中性偏贬义。有些词语兼具褒贬之义,视语境而定,如:

(1) They put up a stubborn resistance.

stubborn 的内涵意义可褒可贬。根据上下文,如果 they 指我们部队的官兵,那么应理解为"他们进行顽强的抵抗";如果 they 指的是敌人,当然应理解为"他们负隅顽抗"。

(2) The bad man tempted the young with the wrong way of life.

那个坏人用错误的生活方式诱惑那个青年。(贬义)

(3) How can we tempt young people into engineering?

我们怎么样才能吸引年轻人学习工程学呢?(褒义)

(4) Nothing can meet his desire.

没有什么可以满足他的欲望。(贬义)

(5) People desire peace.

人们渴望和平。(褒义)

(6) Everyone knows Hitler's ambition.

人人都知道希特勒的野心。(贬义)

(7) It is amazing he's got such an ambition as a young boy.

你这么年轻居然就有这样的抱负。(褒义)

(8) He's masterful as the only boy in the family.

他是家族中唯一的男孩,因此非常傲慢。(贬义)

(9) She's the most masterful maid.

她是最能干的女仆。(褒义)

有时单独看词语,它具有褒义,但在一定语境中,却带贬义。例如:

(10) What a piece of work is man! How noble is reason! How infinite is faculty! In form and moving, how express and admirable! In action, how like an angel! In apprehension, a God! The beauty of the world! The paragon of animal!

好一篇人间的杰作!多么高贵的理由!弥天的过去!令人羡慕的说辞!天使般的行动!上帝般的柔肠!这就是绝伦之美吗?兽类的佳作!

例(10)用感叹语式使得词语的褒义转化为贬义,其挖苦、讽刺的强烈色彩表露无遗。

6. 表达意义

表达意义指语言符号的情感内容及表达发讯人个性或个人创造性的成分。一个名叫 Elizabeth 的女孩的妈妈在屋外晾衣服,她要女儿出来帮忙,便唤道:"Liza!"没有反应。她又喊:"Eliza!"仍没动静。她有点生气了,便放声叫女儿名字的全称:"Elizabeth!"这3种叫法都是叫同一个人,但它们的情感成分显然有所不同。(柯平,1993:28)同样用来称呼人的"老张"和"张老",其色彩也大相径庭。(杜佐华,1995:82)

7. 社交意义

社交意义又叫"情境意义"或"人际意义",是语言符号与建立、保持某种社会关系有关的方面。决定社交意义的因素有:

(1)称谓。它在确定交际参与者之间的相对权位关系和一致程度方面起重要作用。如汉语的"您、你",这两种称呼在用法上就有亲疏和长幼之分。称呼总是蕴含着一定的社会文化内涵,反映着特定交际语境中的人际关系。中国文化的封闭性和尊卑有序的文化心理定式,使汉语传统称谓词具有森严的等级特性。对人的称谓一般遵循"贵贱有等,长幼有差,贫富轻重皆有称"的等级原则。同时,讲究情感也是中国文化的特色,儒家义理的核心是情感和理性。等级文化和情感文化力量的冲击,使得现代汉语的称谓轨迹变得复杂起来,变得游移不定,让人难以把握。称谓词是指用来称呼别人和自己的词语。英汉称谓词具有7种意义,即概念意义、内涵意义、指称意义、社会意义、情感意义、风格意义、修辞意义。称谓词不是简单的、无生命的符号,而是社会文化、主体的思想感情的载体,因此,在跨语言文化交际中,要特别注意称谓词的运用。

称谓词语总体上可分为社会地位称谓和礼仪称谓。社会地位称谓,是表示人的社会地位的称呼。社会地位称谓词表示的关系是绝对的,不是相对的。如在《红楼梦》中,社会地位称谓词的使用频率最高。据统计,在前12回中,一共出现了27个社会地位称谓词,总数达299次。根据孙炜的统计,全书中使用频率最高的社会地位称谓词为"老太太""老爷""太太""奶奶""爷""姑娘"等。(孙炜,1991:191)汉语中的社会地位称谓词使用准则是等级原则,即封建伦理道德"三纲"中的"君为臣纲",具体表现是它的不对称性:下级或没地位的人对上级或有地位的人使用社会地位称谓,但收到的往往是以自己姓名为称谓甚至是零称谓。礼仪称谓是语言的共性。但是汉语中存在一种"富有中国文化特色的礼貌现象",即贬己尊人。(顾曰国,1992:15)按照顾曰国的观点,汉语礼貌用语可归结为贬己尊人准则、称呼准则、文雅准则和求同准则。在《红楼梦》前12回中,贬己尊人的词语达38个,是4个称谓原则出现最多的。

(2)交际内容是实质性的还是寒暄性的。英国人见面谈天气,中国人见面问吃饭或到哪里去,这些都是寒暄性的交谈。

(3)语域(register),表示词语或话语的正式程度,分为刻板的(frozen)、正式的(formal)、商谈式的(consultative)、随便的(casual)和亲昵的(intimate)五级。(柯平,1993:30-31)比如,同样表示"疲倦"之意的词有 dog-tired(口语体)、tired(一般用语)、exhausted、weary 和 fatigue(书面语或正式用语)。

第四节　词语的历时意义和共时意义及其翻译

词语"是现实的抽象化和概括化"。(朱曼殊、缪小春,1990:140)英国著名科学家贝尔纳在《历史上的科学》中说:"语言是现今依然活着的古代遗物。"人类不再生活在一个单纯的物理世界之中,而是生活在一个以符号为表现形式的文化世界中。(邢福义,2000:110)语言作为思维和交际的工具,它总是与现实中的既存事物相关联。语言就像现实世界的地图那样包括了所有的事物。但是,词语的意义与所处的现实世界的关系并不是一成不变的,现实的变化必然会导致词语意义的更新。"语言的运用就是使语言材料顺应现实状态。"(Bolinger,1993:288 – 289)

词语的历史意义是历时意义,现代意义是共时意义。

社会语言学家认为词汇的发展变化是非常迅速的:旧词的消失,新词的出现及旧词被赋予新的意思。(任凤伟,2020:126)词语的意义随着客观事物的变化、发展而改变。有的词义扩大,有的缩小,有的升格,有的降格。如:wife 原义是"妇女",现在专指"已婚妇女"(即"妻子"),cafeteria 源出西班牙语,原指"咖啡壶",后来指"咖啡馆",现在指"餐馆、饭店"。deer 原指"动物",现在仅指"鹿",在莎士比亚作品中有这样一句话:"Mice, rats, and such as small deer",句中的 deer 指的就是"动物",而不是专指"鹿"。美国著名文学家马克·吐温写过一篇脍炙人口的短篇小说《竞选州长》(*Running for the Governor*),其中 governor 是指美国一州的最高行政长官,但它最初的意义是船上的"舵工",从"舵工"到"州长",词义升格了。executive 一词原来只表示"一般执行者",属中性词,现升格为"行政官员""高级首脑"。minister 在古英语中意思是"仆人",现在的意思是"部长"。marshal 在古英语中意思是"马夫",现在的意思是"元帅"。shrewd 原义是"邪恶的、恶毒的",现指"精明的"。candidate 的词义演变为:穿白色衣服的人—穿白色长袍申请公职的人员—候选人。salary 原意是"发给古罗马士兵买盐的钱",后来统指"薪水、薪资",意思扩大。girl 原指孩子,现在指女孩。meat 原指食物,现在指肉,语义缩小了。liquor 原指液体,现在指酒。(任凤伟,2020:127)villain 原义是指"村民",但社会的偏见把"村民"和"坏人"混为一谈,现在这个词已经变为贬义,指"坏人""恶棍""反面人物"。gatekeeper 的原义为"看门人",表示贬义或中性的意义,而现在的词义升格为褒义,指(经济文化等方面的)"掌权人物"。dark horse(黑马)原本是赛马术语,用来指在比赛中意外胜出的马,而现在却是"潜力、才华未尽显露的竞争者",含褒义。clone 一词刚进入英语时,只是一个在植物学和生物学领域使用的专业词语,意为"克隆;无性系;无性繁殖;靠营养生殖而由母体分离繁殖的植物"。由于克隆技术当时还是科技难题,很多人不知道它的含义。20 世纪 90 年代后,科技的发展使得 clone 变为了现实,clone 现用于人时,指"没有个性,没有特点的人",含贬义。godfather(教父)是西方宗教的一个常见术语,饱含崇高、威严与神秘的色彩。20 世纪中后期,"教父"产生了贬义,即用来指称

"黑手党的首领",后来此义又在媒体的广泛运用中泛化为指称"各类犯罪集团的首要人物"。目前,"教父"又产生了一个新义,主要指"一个领域的创始者或者该领域最有影响或最具权力和权威的人",含褒义。(孙国兰,2011:91-92)

汉语也是一样的,有的词义缩小,有的扩大,有的情感色彩改变。如"朕"由普通的第一人称代词发展为专指皇帝的第一人称代词,词汇意义缩小的变化带来的并不是色彩意义缩小的变化,而是感情色彩从中性到尊贵的转移变化和时代色彩从无到有的增加变化。"贼"由杀人的恶人到偷东西的恶人,词汇意义的转移伴随的并不是色彩意义的转移,而是感情色彩贬义程度的减轻变化,等等。(杨振兰,2003:44)词义发展跟作为构词理据的社会文化背景有着密切的关系,社会文化背景的变化是词义演变的一个重要因素。客观现实自身的特征、发展变化以及客观现实之间的互相联系是人们联想的基础,同时也是词义发展的社会文化基础。(田恒金,2001:38)每一段历史都赋予部分词语鲜明的时代特征。如"人民公社""三面红旗""工农兵""大串联""插队知青""上山下乡"等,它们伴随着一段历史的开始而出现,又随着一段历史的过去而隐退,但是历史曾赋予它们内涵,词语反映的是曾经的现实。"贫农""富农""地主""老板"等词语的文化内涵,或褒或贬,都随着现实社会的变迁而摇摆或存亡。(余平,2003:68)再如,"同志"原指志同道合的人,在我国古代,同志与先生、长者、君等词的含义一样,都是朋友之间的称呼。春秋时期,左丘明在《国语·晋语》中对"同志"一词进行了解释:"同德则同心,同心则同志。"《后汉书·刘陶传》曰:"所与交友,必也同志。"新中国建立初期,"同志"一词来源于苏联,意思是拥有共同志向的人。在国内,同志也被广泛地用作陌生人之间打招呼用的称呼,类似"师傅"。但是,随着改革开放后国外文化的引进,"同志"一词从20世纪90年代开始被赋予新的含义,指代同性恋。"小姐"旧时有几层含义:一指婢、妾、娼妓、歌女;二指富贵人家的女儿,如《红楼梦》中称贾家四姐妹分别为"大小姐、二小姐、三小姐、四小姐";三称妻子、夫人。现在泛称年轻女子和称选美比赛中的优胜者,常冠以地区名称,如中国小姐、世界小姐。有时"小姐"也作为失足女的代名词。

词义的演变跟人们的文化心理、人们对客观事物的认识也有着密切的关系。比如说,死亡是最不吉利、最令人伤心害怕的事情,因此,人们在言谈中,凡是涉及与死亡有关的事情,都要用讳饰的方式去表达,久而久之,引起词义的变化。如"丧""亡""没"3个词,原本都没有"死亡"之意,后来成为死亡的委婉语。(田恒金,2001:39)

翻译文学作品时(尤其是古典文学作品),要注意词语在不同时期的意义,不能用共时意义取代历时意义。比如,旧英语中 good wife 作"主妇"解,有人曾把华盛顿·欧文所著《瑞普·凡·温克尔》(*Rip Van Winkle*)中的"and they are regarded by all good wives far and near as perfect barometers"译成"远近好主妇都把这些看作是精确的晴雨表"。把 good wife 译成"好主妇"显然是不了解词语的历时意义引起的。杜甫《闻官军收河南河北》"却看妻子愁何在"句,许渊冲先生译为"Staring at my wife's face, of grief I find no trace."。显然,他没有注意到"妻子"一词古今概念的不同,"妻子"一词原指妻子儿女或家人,而非单指妻。又如张若虚《春江花月夜》"江流宛转绕芳甸"句(按:古时郭外称郊,郊外称甸),Fletcher 将芳甸译为 flowery banks,又有人译作 fragrant islet,外延缩小了,均不正确;Charles Budd 译作 fragrant fields,近原意。(龚光明,1998:1289)

英语词语褒贬义的变化有丰富的历史和文化内涵,具有鲜明的民族特性。下面是一则有关 300 多年前 George I of Great Britain(英王乔治一世)与著名建筑师 Sir Christopher Wren(克里斯托弗·雷恩爵士)的逸闻:当著称于世的伦敦圣保罗大教堂落成时,英王对雷恩说,他的杰作"amusing, awful, and artificial"。对英王的赞赏,雷恩爵士感到不胜荣幸。如果把上述英文按现代英语中这几个词的含义译成汉语则是"(雷恩的作品)是逗人发笑的、阴森可怕的和矫揉造作的"。原来,300 多年前,英语中的 amusing 是 amazing(令人惊异的)的意思,awful 是 awe-inspiring(使人敬畏的、威严的)的意思。而 artificial 则是 artistic(精巧雅致的)的意思。这则逸闻虽然有趣,但却给了我们一个重要的启示:社会环境因素时刻都在对英语词语的褒贬义产生着影响;英语词语褒贬义的变化是循序渐进的,其过程是漫长的。(孙国兰,2011:92)翻译要注意词语的历时意义。

第五节 词语的语法意义及其翻译

语法意义就是语法形式所表示的内涵,指的是词与词、词组与词组以及句子与句子之间所存在的某种内在的逻辑关系,通过这种逻辑上的结构关系足以透视出语言表层结构的意义来,因而探明句子诸成分之间的逻辑关系就是探明句子结构的深层语义。语法意义反映词语的组合方式、组合功能、表述功能等的高度抽象的意义。如主谓关系、动宾关系等是反映组合方式的,名词、动词等是反映词语的组合功能的,陈述、疑问等是反映词语的表述功能的。至于性、数、格、人称、时体等范畴意义,也反映了上述方式和功能。英汉语言都有一些在一定的上下文中只有语法意义而没有实际意义的词语,如英语中的冠词、there 和 it,汉语中的"着""了""呢"等。

英语词语的语法意义往往通过屈折形式体现出来。屈折形式如同其他语法现象一样,集构句功能和交际功能于一体。屈折形式的构句功能指的是本族人运用语法框架组织语言材料,调整话语中各结构单位之间的相互作用的功能;它的表意功能指的是通过屈折形式传递信息的功能。屈折形式的作用在于限定词的语法意义。它不能孤立存在,独立参与交际,只有附着在其他词的词根上,才能传递信息,发挥交际作用。(徐利娜,1997:17)常见的屈折形式有名词复数、动词时体、非谓语动词(如 ving、ved)和副词、形容词的比较级和最高级。以名词复数形式为例,从构句功能的角度来看,附着于英语名词之后的"s"(包括不规则名词的复数形式),是构成名词复数形式的语法手段。从交际角度看,它最基本的表意作用是表现名词的复数概念。因此,如果名词与生物、事物有关,译文可以选择以下词语来传递原文复数形式所表示的内容:增加表示复数概念的形容词(如许多、很多)、数词、物量词(如几个)、代词(如每、各、们、双方)以及重叠词(如人人、朵朵、一排排),还可以用汉语中常有复数语义特征的词(如群山、历代皇帝)。如:

(1) <u>Disappearances</u> occurred with apparently increasing frequency.

<u>失踪事件接二连三地</u>发生,显然越来越频繁。

(2) The very earth trembled as with the tramps of <u>horses</u> and murmur of angry <u>men</u>.

连大地都震动了,仿佛<u>万马奔腾,千夫怒吼</u>。

(3) Most were absorbed into the Russian empire through colonial expansion under the <u>Tsars</u>.

大部分是在<u>历代沙皇</u>的统治下,通过殖民地扩张而并入俄罗斯帝国的。

(4) <u>Flowers</u> bloom all over the yard.

<u>朵朵鲜花</u>开满了庭院。

(5) <u>Newsmen</u> went flying off to Mexico.

<u>记者纷纷</u>飞到墨西哥去了。

(6) There were <u>rows of houses</u> which he had never seen before.

<u>一排排的房子</u>,都是他从来没见过的。

（7）News of victory keeps pouring in.

捷报频传。

（8）The trains passed through the station without even slowing down.

一列列火车不减速就都通过了车站。

（9）God is the king of kings.

上帝是万王之王。

翻译时也要表达时态意义。例如：

（10）He lives in Qingdao.

他现在住在青岛。

（11）He was born and lives in Qingdao.

他出生于青岛并一直住在青岛。

（12）He said that he lived in Qingdao.

他曾说他以前住在青岛。

汉语有些字只有语法意义，没有实体意义，如表疑问的"吧、吗、呢"，表时态的"着、了、过"等。因此，汉译英时应根据动作的时间译成相应的时态。例如：

（13）据说此书已译成多种语言。

The book is said to have been translated into many languages.

（14）自从改革开放以来，中国农村发生了巨大变化。

Since the initiation of the reform and open-up, great changes have taken place in the countryside of China.

汉语中有些字有多个语法意义。比如，陈跃对《红楼梦》中的量词"个"做了穷尽性分析，发现"个"所体现的语法意义多种多样。"个"后接一般名词和可数抽象名词，"个"体现了量化的语法意义；"个"后接不可数抽象名词，"个"具有有界化、具体化的语法意义。"个"前加疑问代词"那""几""怎""怎么"，表疑问、不确定的语法意义；"个"前加疑问代词"那（哪）"还有表反问、加强肯定、遍指的语法意义；个别的"个"前加疑问代词"那（哪）"，具有遍选的语法意义；"个"前加指示代词"这""那"等，表示确指的语法意义；"个"前加"这"与"个"前加"那"对举，表示不定的语法意义。"个"的重叠形式"个个"表遍指；"一个个"表遍指；"一个一个"，有的表遍指，有的还有依次的语法意义。（陈跃，2020：46）

第六节 语境与词义

"语境"(context)的概念是在20世纪30年代由人类学家马林诺夫斯基提出的,是指一系列影响着人们言语行为、言语方式及其效果的种种主客观因素所构成的特定的交际环境。(刘继超、高月丽,2002)在任何一种语言里,用一个单个的词来表达一个实体或一种状态是不可能的。离开语言环境,单个词无意义可言,甚至单个词组也无意义可言。在词汇语言学的研究中,学者们对此都无疑义。Saeed说:"确定词的词义往往是件难事,一个重要原因是词义常受其语言环境的影响。这种影响常表现在两个方面:一方面是限制性影响;另一方面是创造性影响。词和词的搭配重复出现,久而久之常见搭配成为固定搭配……这是语境限制性影响的结果。另一方面语境影响可以导致词义的发展和变化,使一词产生多义。"(Saeed,1997:24)

语境分为言内语境和言外语境。言内语境包括文本上下文以及与文本语码相应的语言系统本身。比如,汉语词"青色"在英语中没有与之相对应的颜色,在汉语不同上下文中指不同的颜色:在"青出于蓝而胜于蓝"中,"青"指蓝色;在"青布"中,"青"指黑色;在"青山绿水"中,"青"指绿色。汉语"沽"字有买和卖两个相反的词义,在"待价而沽"中,"沽"意为"卖",在"沽名钓誉"中意为"买"。词语虽然具有多义性,但在一定的上下文中,词义却是确定的。以leave为例:

(1) He is leaving for Madrid by the next plane.

他乘下一班飞机前往马德里。(leave意为"前往")

(2) The train leaves in five minutes.

火车5分钟后开出。(leave意为"开出")

(3) She has been living with David since she left her first boy friend.

自从和第一个男朋友分手后,她一直和大卫住在一起。(leave意为"分手")

(4) He left medicine for art.

他弃医从艺。(leave意为"舍弃")

再如story常作"故事"解,但在不同的上下文中有"故事、笑话、事迹、历史、传奇"等意思。例如:

(5) Many children are fond of listening to story.

许多小孩爱听故事。

(6) We can not trust in the story of children.
我们不能相信小孩的口供。

(7) No one knows her story.
没有人知道她的身世。

(8) She is the person who knows the story of the things.
她是内情人。

言外语境又可分为情景语境和社会文化语境两类。

情景语境是具体的参与交际的人、发生的事、交际的渠道、交际者的个体心理及相互关系等,包括交际对象的角色、身份、职业、文化修养、动机、情绪、态度、性格、气质、经历等。不同的交际人及角色会说出不同的话语。不同职业、不同文化背景的人,见面打招呼的用语也因人而异。通常与文化水平较高的人见面打招呼,一般多用职称和职务称谓,较少使用亲属称谓;与文化水平较低的人打招呼,常用亲属称谓;青少年之间打招呼常常直呼其名,或用绰号,他们极力追逐时尚的招呼语,以显示轻松、幽默和诙谐的心境。文化层次比较高的人,往往个人涵养比较高,问候语比较文气也比较得体;而对一些市井小民,他们所使用的语言一般比较粗俗,也只适合他们的圈子使用,如果用他们的日常招呼语与文化层次比较高、有涵养的人的打招呼,可能会让对方感到突兀,无法接受。(张亚丽,2011:130)中国是礼仪之邦,是讲究礼俗的文明古国,中国人普遍受儒家思想的熏陶,强调长幼尊卑、男女有别,言谈举止更是注意身份。晚辈跟长辈交谈时,要讲究言语的礼节和谦逊;师长跟晚辈谈话时,要庄重、和蔼;下级向上级汇报工作,要注意措辞的严肃性和应有的礼节性;同辈、亲友之间交谈,言辞应以亲切、自然为宜;作为女性,在言谈举止上与男性有别……也就是说,人们担当的角色不同,语言的使用也不同(李敏,2005:43)。比如,"该死的"一般是骂人的话,但当一对恋人在一起走,女孩儿拍了这个男孩儿屁股一巴掌,说"该死的","该死的"在这里相当于"亲爱的"。"冤家"是指仇敌,但在《白蛇传》中,许仙被法海和尚关起来了,白娘子好长时间没看见许仙,非常想念他,后来一见面就喊了一句"冤家","冤家"在这里同样相当于"亲爱的"。

情景语境还包括时间、地点等。例如,last Thursday,如果说的时间是星期五,那么是指昨天,即本周四;如果说的时间是星期三,那么是指上周四。next Thursday,如果说的时间是星期三,那么是指明天,即本周四;如果说的时间是星期五,那么是指下周四。这是时间语境。"去南大怎么走?"如果问话的地点在南昌,"南大"是指南昌大学;如果地点在南京,指南京大学;如果在天津,指南开大学。这是地点语境。

绝大部分词语的使用是伴随着一定的语境出现的。语境不仅确定内涵意义,也给词语内涵提供广阔的表现空间,即词语出现在一定的语境中有一定的内涵意义,特殊的语境造就特殊的内涵意义。Thomas(1995)举过这样一个例子:"The persons are on coke."查一下当代口语词典,"coke"这一单词至少可以表明下列3种字面或抽象意义,即"coca cola""cocaine"和"coal derivative",这样上述句子也就可能具有3种理解:

a. The persons are drinking coca cola.

b. The persons are using cocaine.

c. The persons are having solid-fuel heating.

至于上述句子究竟表达的是这3种意义的哪一种,则只能由该句子使用的具体语境来判断。如上述话语是在餐厅里说的,则表示意义a;如出现在犯罪团伙的黑窝里,则表示意义b;而若是指客厅里的情况,则表示意义c。由此可见,理解了一个词、短语或一句话本身的意义,即概念意义,并不意味着就能理解其语境意义。(徐湘平,2007:134)社会文化语境指语言运用的社会文化背景、历史文化传统、思维方式、价值观念及社会心理等。"文化语境是社会结构的产物,是整个语言系统的环境。具体的情景语境则来源于文化语境。"(胡壮麟、朱永生、张德录,1989:172)例如:

(9)John can be relied on. He eats no fish and plays the game.

这句话表面上似乎可理解为:"约翰是可靠的。他不吃鱼,还玩游戏。"但这样的翻译其实是一种误解,因为它没有译出句子的文化内涵,因而也就未能正确地传达此句的文化信息。原来英国历史上宗教斗争激烈,旧教规定斋日(星期五)只许吃鱼。新教推翻了旧教后,新教徒拒绝在斋日吃鱼,表示忠诚于新教,而"不吃鱼"也就取得了"忠诚"的意思。"玩游戏"需要遵守游戏规则,于是"玩游戏"也就取得了"遵守规则"的意思。由此可见,此句要表达的意思是"约翰既忠诚,又守规矩","不吃鱼,玩游戏"只是表象。

(10)SS guards shoved each prisoner in the direction the doctor had indicated. Those who huddled pitifully together on the left were the old, the infirm, the ill, the very young. Judged unfit for work, they were being consigned to the gas chamber.

希特勒的党卫军按医生所指的方向把<u>被监禁的人</u>推过去。那些可怜地挤在左边的人都是些老、弱、病、幼者。他们被认为不适宜于干活,正被送到毒气室去处理。

例句(10)中,译者很容易把 prisoner 译成"囚犯"。其实,这里是指被希特勒党卫军抓来的平民百姓。"囚犯"是指犯了罪的人。

语言是文化系统的组成部分。词语具有文化性。词语的文化语义只有在文化语境中才能理解。比如,在英语中受人夸奖者会说"Thank you",而在汉语中则会说"哪里哪里"。若将"哪里哪里"译成"Where where"岂不成为笑话?!"天上掉下个林妹妹"中,"林妹妹"是"美女"(beauty)的代名词,不再是《红楼梦》中林黛玉的专指。

每个语言使用者对这个语言系统的环境都有所了解,才能在对语篇进行解码和编码时赋予语篇某种具体的社会意义——语类,即"语言使用者作为文化成员所参与的受目标驱动且有步骤、有目的的活动"。"The context of situation, however, is the immediate environment."——文化语境是相对抽象的,情景语境才是语篇产生的直接环境。(Halliday,1976:46)也就是说,文化语境是由情景语境来实现的,而语类是由语域来实现的。

自然语言具有先天的模糊性,但是在交际中,这种模糊性并没有成为交际真正的障碍,说明交际双方对模糊有一定的澄清方法,关键就在于语境。Sperber 和 Wilson 认为,语境是一个不断变化的动态概念,是话语理解过程中的一个有机组成部分。话语理解依赖语境,语境在相关语用原则下形成系列假设,进而理解语言的正常负载信息和超载信息。语境对话语意义的生成具有制约和解释作用。例如:

(11)甲:这一点小意思,请务必收下。

乙:你这人真有意思,怎么也来这一套?

甲:唉,只是意思意思罢了。

乙:啊,真不好意思。

A: This is a little gift as a token of my appreciation. Please do take it.

B: Oh, aren't you a bit too polite? You shouldn't do that.

A: Well, it just conveys my gratitude.

B: Ah, thank you then, though I really don't deserve it.

上面对话中的"意思"一词,在上下文中的意思都不一样。

语境是人们理解和解释话语意义的依据。纽马克指出："语境在全部翻译中都是最重要的因素,其重要性大于任何规则、任何理论、任何词义。"英语中有两句话:"No context, no text.""You know a word by the company it keeps."这两句话事实上已成为理解和翻译的座右铭。上下文观念是阅读理解和翻译中最重要的观念之一,理解和翻译正确与否,在很大程度上取决于读者和译者是否有上下文观念或能否进行上下文分析,这在很大程度上决定理解与翻译能力的高低。

词语脱离了语境,其词义是无法理解的。"I'm going to have a class."若出自教师之口,则意指给学生讲课;若出自学生之口,则指去听课。"只顾自己快活,不顾人家的死活。"在这句话中,"人家"在不同的语言环境中所指对象是不同的,有可能是讲话人自己,也有可能是别人。其所指对象只能视情景语境而定。"连他也不听"这句话中的"听"字就有歧义,可指听话,也可指听音乐。"He has four degrees."可指在校时的优异成绩,也可指医院中的严重病情。

如果说交际活动是由表达者和接受者所构成的,那么统一的语境也可以分为表达语境和接受语境两种。对表达者来说,只有把握好表达语境,才能够提高表达效果,达到预期的交际目标;表达者所把握的语境是表达语境。对接受者来说,只有把话语放置到特定语境中来解码,只有联系表达者的特定语境,才能比较准确地把握表达者的会话含义;接受者所把握的语境其实是接受语境。两者是不相同的。(王希杰,2007:1)在翻译中,译者要根据源语的表达语境创造译语语境,这就要从源语和译语的语言差异和文化背景出发,翻译时采取增译、减译、补偿、结构调整等策略。

第七节　词语的虚实转换

虚实转换是指词汇抽象概念与具体意义的相互转换。抽象和具象是两种不同的思维方式。抽象思维多用表示抽象概念的词语描述事物、阐述事理,具象思维常用表示具体概念的词语描写事物、述情道理。抽象思维和具象思维在英汉语言中都有所表现,但汉语的具象思维更为明显。汉族人善于由具体到抽象地联想综合。比如,汉语中往往用形象可感的成语(如举棋不定、破釜沉舟、刻舟求剑)来喻理,也用由具体并列的词组成的词语指称概括意义。如"锅碗瓢盆"泛指一切厨具;"吹拉弹唱"指所有戏曲音乐活动;"红男绿女"指那些身着盛装的人们。

古人喜欢通过描写具体的景物来表达深远的意境,如"疏影横斜水清浅,暗香浮动月黄昏""鸡声茅店月,人迹板桥霜",这些大部分由名词组成的诗句都具有深远的意境。英语更倾向于抽象思维。英语中抽象名词的使用频率明显高于汉语。英语中有一整套表达抽象思维的方式,如英语中大量使用抽象名词。这类名词含义概括,指称笼统,覆盖面广,往往有一种"虚""泛""暗""曲""隐"的"魅力",因而便于用来表达复杂的思想和微妙的情绪。英语的抽象名词大多是通过虚化手段(即加词缀,尤其是后缀)从其他词类(如动词、形容词)派生而来的。比如,表"性质、状态"的后缀有"-ness""-tion""-ity""-sion""-ence""-ance""-hood"等。(曾剑平,2002:48)

在英汉翻译过程中,具体概念概括化,或抽象概念具体化是常见的翻译技巧。为什么要把源语表达具象思维的形象词语意义泛化,或把源语表达抽象思维的抽象词语意义具体化或形象化?这是英汉语言表达差异所致。当源语的形象词语照译不符合译语表达习惯,或不为读者接受时,只能译其引申义。例如,"Homer sometimes nods."若直译为"荷马有时也打瞌睡",中国读者会觉得莫名其妙。荷马是古希腊著名诗人,智慧超群。此译文拟以泛指代特指,用汉语成语"智者千虑,必有一失"来译,读者就能理解和接受。再如,"What millions died that Caesar might be great."若直译为"万千士兵之死换取恺撒的荣耀"同样不被读者接受。对缺乏西方历史知识的中国读者而言,恺撒究竟是什么人还不甚明了。在中国历史上,类似恺撒的人物虽然不少,但也不能随便以秦始皇、汉武帝、刘邦等来代替。中国古诗中"一将功成万骨枯"一句恰好与原文有异曲同工之妙,二者不仅形神酷肖,而且语气同样铿锵有力,具有音韵美。同样地,抽象概念名词也可以具体化,如将"他是个大人物"译成"He is a big fish.",把"他是个小人物"译成"He is a small potato."。把源语的抽象词语翻译成目的语习惯表达的形象词语,更能为读者理解,可以增加语言的表现力,使译语形象可感。

词语虚实转换,一要立足语境,只有根据具体的语言环境分析词义,才能把握词语的确切含义;二要根据源语的文体、风格等确定词义;三要考虑译语的地道性,如英语成语"as happy as a cow"译成汉语就是"非常快乐"或"快乐得像百灵鸟";"Circles, though small, are yet complete."译成汉语就是"麻雀虽小,五脏俱全"。

1. 虚转实

虚转实是指对原文中抽象、含蓄或朦胧的词义,通过释义、补偿等手段,使词义具体、明确或清晰,以便于读者理解,使译文语句流畅,或达到文化移植的目的。例如:

(1) The cruel come and go like cities and thrones and powers, leaving their ruins behind them. They had no permanence.

凶残之徒,一个个都像达官显贵、君主王公、政客寡头一般,来去匆匆,更迭频繁,哪一个身后不是一堆黄土,谁都没有做到万古长命。(包惠南,2001:45-47)

(2) But there had been too much publicity about my case.

但我的事现在已经搞得满城风雨,人人皆知。

(3) The streets were overrun by Hitler's bullies.

那时希特勒的暴徒在街上横行霸道,无恶不作。

(4) Without his knowledge, the matchmakers were at work.

他自己还不知道,媒人却已为他穿针引线。

(5) As the Politburo gave the go-ahead to Brezhnev, Nixon and Kissinger were meeting in the President's Kremlin apartment, prepared to accept a setback on SALT.

在政治局向勃列日涅夫开放绿灯时,尼克松和基辛格正在克里姆林宫的总统下榻处开会,准备承受限制战略武器会谈失败的挫折。

(6) He has a very satirical eye. And if I do not begin by being impertinent myself, I shall soon grow afraid of him.

他挖苦人的本领特别高明,要是我先不给他点颜色看看,我马上会见他就怕呢。

(7) A real good friend should be one offering timely help.

真正的好朋友应该是雪中送炭。

(8) 故五行无常胜,四时无常主,日有短长,月有死生。(《孙子兵法》)

The five elements: water, fire, wood, metal, earth, are not always equally predominant; the four seasons make away for each other in turn. There are short days and long; the moon has its periods of waning and waxing.

(9) 每个人的生活都有甜有苦。

Every life has its roses and thorns.

上述例子的译文与原文比更加形象、具体。

2. 实转虚

实转虚是指词义从具体转向抽象,从个别转向一般,从特殊转向概括,是译文适应表情达意或行文通顺流畅的需要而对原文词义的延伸和扩展。例如:

(1) There were times when emigration <u>bottleneck</u> was extremely rigid and nobody was allowed to leave the country out of his personal preference.

过去有过这种情况:移民限制极为严格,不允许任何人出于个人考虑而迁居他国。

(2) In fact, the Bavarian environment was so charged with Nazi sentiment throughout the 1920s that Hitler's storm troops <u>goose stepped</u> into power in Furth in 1930.

事实上,在整个20世纪20年代,纳粹党在巴伐利亚一带已博得公众好感,以至于1930年,希特勒的冲锋队员就<u>耀武扬威</u>地夺取了菲尔特镇的权力。

(3) <u>See-sawing</u> between partly good and faintly ominous, the news for the next four weeks was never distinct.

在那以后的4个星期内,消息时而部分有所好转,时而有点不妙,<u>两种情况不断交替出现</u>,一直没有明朗化。

(4) 孩子是张大妈从小<u>一把屎一把尿</u>地侍弄出来的,像亲生儿子一样,孩子也把张大妈当作亲妈。冷不丁地一下子把娘俩拆开,孩子能受得了吗?

She had <u>nursed</u> him ever since he was a small baby and loved him as her own; and the child, too, regarded her as his own mother. What would happen to him if he was taken away from her?

(5) 爷们儿怪罪下来,大不了我一个人拉着家小逃之夭夭,可天津还有我的老宅院,还有我的<u>姑姨叔舅</u>。让人家受我连累,我便对不起人家。

Should the locals take umbrage, I can just disappear together with my family. But I have an old house and some <u>relatives</u> in Tianjing. It would be fair to implicate my relatives. I certainly don't want to get them into trouble.

(6) 他们像母鸡一样,吞的是<u>粗糠老菜</u>,产下的是蛋,而且往往一声不响。

Like the above-mentioned good layer, they eat <u>simple food</u>, but lay eggs, often without making a fanfare. (曾剑平,2006:10)

(7) 对于胜利了的人民,这(指政权)是如同布帛菽粟一样不可须臾离开的东西。

Like food and clothing, this power is something a victorious people cannot do without even for a moment.

(8) The matter was finally settled under the table.

事情终于私下解决了。

上述例子将具体形象转换为抽象的引申概念,简单明了。如果将原文组字悉数译出,译文便会显得冗长呆板,缺乏灵活性。

第八节　词语翻译技巧

1. 直译和意译

直译(literal translation)是一种既重原文内容又重原文形式的翻译方法,也就是说,在保持原文内容的前提下,尽量使译文与原文在用词、句法、修辞及风格特征等各方面趋于一致。例如:

to pull the chestnut out of the fire 火中取栗

to look through colored spectacles 戴着有色眼镜看

hang by a hair 千钧一发

to show one's cards 摊牌

tower of ivory 象牙塔/世外桃源

new wine in old bottles 旧瓶装新酒

to add fuel to the fire 火上浇油

a paper tiger 纸老虎

上述词语翻译既保留了源语的形式,又保留了比喻意义和修辞效果,具有可理解性。直译词语可以丰富目的语词汇,是目的语词汇创新的途径之一。比如,汉语词语"歇斯底里"来自英语的 hysteria,"武装到牙齿"译自英语的 armed to teeth,"掉鳄鱼眼泪"是从 shed crocodile's tear 翻译过来的。

意译(free translation)是指忠实于原文内容而不拘泥于原文句型结构、语法形式和修辞手法的翻译方法。词语有本义和引申义之分。本义是表现事物特征的基本义,引申义是由本义演变而成的新的语义。词语的引申义如果直译不好理解就意译。例如:

eat one's words 是"承认说错话"的意思,不是"食言"的意思。

move heaven and earth 是"想方设法"的意思,不是"翻天覆地"。

pull sb's leg 是"愚弄某人,开某人的玩笑",不是"拖后腿"。

black tea 是"红茶",不是"黑茶"。

需要指出的是,译者在从事翻译时,在很多情况下并不是单纯地只运用直译或意译的方法,而是两者的结合。也就是说,译者在多数情况下是在直译的基础上意译。只有将直译和意译二者有机地结合在一起,使二者相互补充,相辅相成,才能更好地使译文既忠实于原文,又能照顾原文的语言形式。

2. 零翻译

关于零翻译(zero translation),学者们有不同的观点。"零翻译"的概念是邱懋如先生在 2001 年讨论不可译的问题时首次提出的。他认为,零翻译就是不用目的语中现成的词语译出源语中的词语。换言之,零翻译是可译却故意不译的翻译方法。他进一步解释,零翻译包含两层意思:一是源语中的词汇故意不译;二是不用目的语中现成的词语来翻译源语中的词语。零翻译具体可细分为 3 种译法:省略法、音译法和移译法。(邱懋如,2001:24 - 27)孙迎春认为零翻译是"音译、形译之一种"。孙迎春认为零翻译是一种翻译技巧,具体包括音译、形译,但并不包括移译。(孙迎春 2001:58,268)相反,袁宜平(2010:13 - 17)却将零翻译直接等同于移译。刘明东(2002:30)则指出,"零翻译可分为绝对零翻译和相对零翻译"。绝对零翻译包括省译和移译,相对零翻译包括音译、音义兼译、补偿、象译、直译加注、归化等。李丹和黄忠廉认为,零翻译亦称原形转译,是将源语符号原封不动地转入译语的特殊转译方式,所译对象包括语言符号和非语言符号。借此可为零翻译找到归属,同时区别于移译、省译、免译。零翻译可分为非语言符号零翻译和语言符号零翻译两类,前者涉及术语与单位符号、数字与数学符号、图像符号 3 类;后者涉及篇章、段落、小句和词语 4 个层次,包括缩略语、专有名词、通用词汇及引用 4 类。非语言符号零翻译较语言符号更为普遍,它们是新时期不可或缺的新型翻译方法。分类是事物研究的第一步,零翻译类型的考察将有助于语言翻译的深入研究。(李丹、黄忠廉,2012)我们认为,零翻译就是源语照搬,如字母词就是典型的零翻译。

3. 加注法

由于英汉两种社会文化存在很大的差异,英语中某些词语在汉语中根本没有对应的词语，形成了词义上的空缺。因此在英译汉时，译者往往会采用加注法来弥补这种空缺。

加注法（annotation）通常可以用来补充背景材料、词语起源等相关信息，便于读者理解。加注法可以分为文内加注和文外加注。文内加注有音译加注和直译加注两种。音译加注指通过音译后再附加解释性注释。音译加注尤其适用于某些文化专有名词的翻译。附加的注释视词语所蕴含的意义可长可短。例如：

(1) 彩礼译为 Caili/ the betrothal gift a man usually gives to the bride's family。

(2) 肉夹馍译为 Rou jia mo/Chinese hamburger。

直译加注指先直译原文，再附加解释性注释。其加注方法同音译加注类似。这两种加注法对于引入外族文化和对外介绍本族文化都非常有用，尤其适用于翻译某些蕴含丰富文化内涵的词语。例如：

(3) tree hugger 紧抱树干的人（极端环保主义者）

(4) Hygeia herself would have fallen sick under such a regimen; and how much more this old lady?

按照这样的养生之道，别说这可怜的老太太了，就连健康女神希奇亚也会害病。（希奇亚是希腊神话中的健康女神。）

文外注释就是在文章后面专门列出注释，为文化专有项词语提供背景知识。

4. 形译

形译法（formal translation），也称象译，指翻译时通过具体形象直接表达原义，实物形状由译语文字直接显示或由译语词语的主要义素间接显示。形译分两种：一是按实物形状翻译。如 cam（机械工程常用词）译为"偏心轮""凸轮"，其中"偏心轮"是意译，"凸轮"是形译，在日常应用中以"凸轮"为常见；再如 dog-clutch 译为爪形离合器。二是按字形翻译。所谓字形翻译，是指源语的字形被等值的译语字形替换。例如：

H-beam 工字梁

T-square 丁字尺

T-shirt T 恤衫

U-shaped 马蹄形

T-bandage 丁字带

Zigzag incision 之字形切口

I-section 工字形剖面

V-banding V形结扎

Y-graft Y形移植片

J-display J形显示器

I-shaped stringer 工字形纵梁

T-iron 丁字铁

U-iron 槽铁

U-pipe U形管

V-belt 三角皮带

形译方法用得不多,大部分是用来翻译科技文本中的专有术语。

5. 音译

音译,顾名思义,就是照着原文的读音翻译。需要音译的词语,大多是源语独有而译语没有的词语。这类词语不便意译和直译,或意译和直译难尽其意。比如,衙门、磕头、太极拳、气功、功夫、二胡、高胡、豆腐、饺子等,都是汉族文化中独有的词汇,英语中没有与之对应的词语,所以只好音译。音译法的对象主要是人名、地名、商标名以及术语等专有名词。英译汉中,有些音译词由来已久,几乎无人不晓。成功的音译有时会收到令人意想不到的效果,让人浮想联翩。例如:Coca cola(可口可乐)、hacker(黑客)、DINK(丁克家庭)、talk show(脱口秀)、typhoon(台风)、cool(酷)。

随着时间的推移,人们对其中一些词有了进一步的认识,因此根据其内涵,给予了新的翻译,如:

Internet 由"因特网"改译为"互联网";

cartoon 由"卡通片"改译为"动画片";

hormone 由"荷尔蒙"改译为"激素";

cashmere 由"开司米"改译成"羊绒制品"。

由于英语是拼音文字,有些词最初翻译时采用了音译的方法,后来有了这个词的意译,但是人们都已经习惯了这种音译,因此,出现了一个词两种翻译,即同一个词音译和意译并存的局面。

音译的原则是:

①约定俗成。所谓"约定俗成",就是按照已有的译名照搬照抄,没有必要另

取新名,即使原译名不准确也是如此。比如,英国作家 Bernard Shaw 译为"肖伯纳"已为广大读者接受,如译为"伯纳德·肖"反而让人不知所指。再如,西班牙传奇故事中的浪荡子 Don Juan 译成"唐·璜"而不译"唐·胡安"(尽管叫 Don Juan 的都宜译成"唐·胡安")。英国古典经济学体系的创始人 Adam Smith 译成"亚当·斯密",而不译"亚当·史密斯"。

②注意联想的原则。音译外来词语时,也要注意词语的联想性。音译词语的联想性要尽可能表达事物概念的本质特征,即让读者一看便明白其意。比如,vitamin 音译"维他命",言外之意便是人体不可缺少的元素。hippy 是指明 20 世纪 60 年代美国出现的不满现实的颓唐青年,其特点是蓄长发、着奇装异服、吸毒、主张暴力等,将其音译为"嬉皮士",就把此类人嬉皮笑脸、玩世不恭的处世态度描写得活灵活现。Beatles 是英国甲壳虫乐队。Beatles 原义为甲壳虫,该乐队成员发型清一色像甲壳虫,因而得名。音译"披头士",把该乐队成员的主要外部特征描摹得惟妙惟肖。

③音义结合的原则。音义结合,既可保留原来的异国情调,又可以表达词语的指称意义,可谓一举两得。比如,Tittup 音译"踢踏舞",使人联想该舞姿。yuppy 一词由 young urban professionals 组成,指美国现代都市中年轻的专业人员,他们收入高,花钱大方,生活时髦,通常译为"雅皮士"。一个"雅"字,让内涵表露无遗。

④统一译名的原则。有不少外来词语,最早是音译而来的,后来都有相应的意译,比如,Science——赛恩斯(科学),democracy——德莫克拉西(民主)。(况新华:2002)

第二章　词语意义关系及英汉词语对比

第一节　词语意义关系及翻译

词义关系是一种纵聚合关系,是一个句子中词与词间可以替换的关系。

一、同义关系

同义关系指的是在特定语言的语汇系统中两个(或以上)词在意义(主要是理性意义)上相同。具有这种关系的几个词在一起构成一组同义词。或者说,所谓同义词,是指同一意义或概念有多个词语表达。例如:

计算机—电脑　维生素—维他命　站台—月台　演讲—讲演　医生—大夫
母亲—妈妈　诞辰—生日　故乡—家乡

同义词可以分为绝对同义词和相对同义词。绝对同义词,也叫等义词,就是意义完全相同的一组词,如"计算机"和"电脑","维生素"和"维他命"等。之所以会出现绝对同义词,一是因为词还没有最后定型,如"演讲"和"讲演";二是因为造词时角度不同,如"计算机"着眼于这种机器的"运算"功能,而"电脑"则着眼于这种机器的"会思考"功能;三是因为吸收外来词语时所采用的方法不同,如"维生素"和"维他命"都是对英语 vitamin 吸收的结果,前者为意译,后者为音译。(卢英顺,2007:86)绝对同义词不多,因为绝对同义词违反了语言的"经济原则",同义词之间总是在意义方面存在着细微的差别,如 mother、mom/mum、mommy/mummy、mama、mam、mammy。相对同义词在意义方面存在不同程度的重叠,但是在某些场合不能相互替换。

同义词的区别表现在以下几个方面:

1. 方言。同一事物在不同的方言中用不同的词语表达。例如"荸荠"(chest waternut)一词在上海话中叫"地栗",在广东话中叫"马蹄",所以"太阳"牌荸荠罐头和"甜美"牌马蹄罐头都译为 canned chest waternut。再如"玉米"(corn 或 Indian corn)一词东北话叫"苞米",南京话叫"玉蜀黍",四川话叫"苞谷",上海话叫"珍珠米",山东话叫"棒子",广东话叫"粟米",杭州话叫"六谷",福建话叫"金豆",等等。南昌话形容特别好叫"恰噶",比如"恰噶户型""恰噶米粉"。

2. 文体。词语使用场合有正式和非正式之分。例如,"故乡"和"家乡"相比,前者的书面色彩更浓。"盐"和"氯化钠"所指称的都是同一事物,不过前者是通俗的称法,后者是专业术语。再如,表示"死"的意思的词语有去世、逝世、归天、一命呜呼、驾鹤西游、寿终正寝、阳寿已尽、命丧黄泉、溘然长逝、永远安息等,但这些词语使用场合不同。常用的用于表示名人之死的有"逝世""谢世""与世长辞"等;用于革命者之死的有"牺牲""就义""捐躯""殉职""阵亡"等;用于亲友之死的有"去世""下世""走了""没了""不在了""老了""病故""咽气了"等;用于一般人之死的有"死了""完了""断气了""寻短见"等;用于敌人或反面人物之死的有"完蛋了""吹灯了""玩完了""见阎王""吃枪子"等。(李敏,2005:43-44)再举一例来感受一下英语书面语和口语在风格上的差别,以下材料来自20世纪英国那位"爱美人不爱江山"的国王爱德华八世的退位演说词。这位痴情的国王在谈到他退位的缘由时,勇敢地表白:

But you must believe me when I tell you that I have found it impossible to carry the heavy burden of responsibility and discharge my duties asking as I would wish to do, without the help and support of the woman I love...

这篇口语化的广播词在第二天的报纸上刊登的禅位诏书中就变成了经过润色的,具有皇室风格的文体了:

At no time have I been inclined to secretiveness, but until now I have been constrained by the Constitution expressing myself before the forum of public opinion. But you must accord me credence when I state to you that I found it impossible to endure the heavy burden of responsibility and to consummate the fulfillment of my stew and ship as king without the assistance and cooperation of the lady upon whom I have bestowed my affection. (张锦红,2011:4)

3. 感情色彩。比如,老头儿、老头子、老汉都是对年老男子的称呼,但它们有不同的感情色彩,老头儿多含亲热之意。老头子用于方言中,是儿子对父亲的称呼,或是妻子对老年丈夫的爱称。有时帮会中称首领为老头子。老汉多指朴实年老的男性农民,也是老年男人的自称。

4. 理性意义,包括:①程度不同,如轻视和蔑视,后者程度就要高;②范围大小,如边境和边疆,后者范围大;③集体和个体,如书和书籍;④词语搭配,如稳定和稳固,前者和物价、情绪等搭配,后者与基础、政权等搭配。

5. 文化内涵。语言是文化的载体,文化是语言的内蕴,任何民族的语言都蕴含着该民族深厚的文化内涵。汉语中有大量的词语在理性意义之外还蕴含着独特的文化内涵。这在同义词语中表现尤为明显。例如,"妻子""夫人""太太""爱人""老婆""那口子"都可以表示婚姻中的女方,其理性意义相同,但在具体的运用中却随被称呼者的身份、地位、文化修养以及运用的场合而发生变化。"夫人"本来是称中国古代诸侯的妻子,后来用来尊称一般人的妻子,现在多用于外交场合,是非常正式的用语。"太太"在旧社会是对官吏的妻子的通称,现在是对已婚妇女的尊称,常用于称呼有钱人的妻子,为商界所常用。"爱人"在汉语中用来称谓妻子或丈夫,始于20世纪三四十年代受新文化运动熏陶的知识分子。新中国成立后提倡男女平等,"爱人"广泛地使用起来,在小说、诗歌等文学作品中尤为多见,深受文人和知识分子青睐。"老婆"是妻子的口语称谓,用于非正式的场合,带有比较明显的夫权色彩。用"那口子"指代"妻子",透着夫妻之间的亲昵和随便,同时也说明在家庭中丈夫与妻子地位平等。可见,同义词的运用不单纯是语言问题,而是受文化制约的。(李敏,2005:42)

6. 雅俗之别。同义词有雅俗之别。这在禁忌语中表现尤为明显。为不给人以粗俗、生硬、无礼的感觉,人们常在口语或官方语言中广泛使用委婉语来代替禁忌语,以使人感到文雅、含蓄、有礼。例如:handicapped(残障的)这个委婉词,代替的是禁忌词(残废的、残疾的)。目前在中国,无论是媒介还是词典都把 handicapped children 译作"残疾儿童"(指身体或精神上有缺陷的儿童);而在日本,人们把该词译作"障碍儿",这已成了障碍儿教育专业的一个常用语。从心理学的角度看,"障碍儿"的译法避免了在心理上给残疾儿童带来自卑感,有助于鼓励他们克服身心障碍。(巴竹师,1997:23)

7. 搭配和位置分布差异。英语中,表达"变质""腐坏"这一相同概念的同义词有 rancid、addled、sour、rotten 等,但它们各自搭配的名词不尽相同,如 rancid bacon,addled egg,sour ilk,rotten butter。还有通过搭配不同的介词来区分意义的同义词,如:accuse(accuse sb. of)、charge(charge sb. with)、rebuke(rebuke sb. for)。(张锦红,2011:40)

汉语语音文字有其自身的特点,汉语词语构成有同义相构的现象,既有同义相构的两字词组,如道路、声音、言语、群众、巨大、渺小、积蓄,又有同义相构的四字对偶词组,如残酷无情、无独有偶、直言无隐、字斟句酌、横行霸道、忍饥挨饿,还

有同义对联,如下面的祝寿对联:

花甲重开,外加三七岁月;古稀双庆,内多一个春秋。

上述对联祝颂同一人 141 岁高寿,但上下联的数学算式不同。花甲,是指 60 岁。上联的意思是两个甲子年 120 岁外加 21 岁(三七),正好 141 岁。下联的古稀指 70 岁,双庆就是两个古稀相加 140 岁,一个春秋就是 1 岁。两个古稀加一个春秋也正好 141 岁。这是一个绝对。同义相构的词语和句子体现了汉语追求对称平衡的思维模式。

英汉语言都存在着这样一种情况:两个原本互为反义的词语在一定的语句中变成同义。例如:

(1) 我们<u>打败</u>了美国队。

我们<u>打赢</u>了美国队。

(2) 他<u>生</u>前有一位朋友。

他<u>死</u>前有一位朋友。

(3) We <u>bested</u> our enemy.

We <u>worsted</u> our enemy.

(4) I often <u>take</u> him for his brother.

I often <u>mistake</u> him for his brother.

甚至肯定句和否定句都有可能构成同义句。例如:

(5) 他<u>在起床之前</u>会听一会儿收音机。

他在<u>没起床之前</u>会听一会儿收音机。

(6) 这件事差点儿<u>把我吓死</u>。

这件事差点儿<u>没把我吓死</u>。

(7) What the boy has suffered?

What the boy has not suffered?

(8) You can imagine how I miss you.

You can't imagine how I miss you. (王寅,2014:134 - 135)

在翻译时,重复的同义词语往往省译。例如:

(9) 学习需要沉下心来,贵在持之以恒,重在学懂弄通,不能<u>心浮气躁</u>、<u>浅尝辄止</u>、<u>不求甚解</u>。领导干部一定要把学习放在很重要的位置上,如饥似渴地学习,哪怕一天挤出半小时读几页书,只要坚持下去,必定会<u>积少成多</u>、<u>聚沙成塔</u>,<u>积跬步以至千里</u>。

When engaged in study we should be focused and avoid distractions. Our approach should be persistent, and not that of the dilettante. We must gain a true grasp of what we are studying, rather than reading superficially without understanding. Leading officials must place a high priority on learning and study assiduously. As long as we apply ourselves, even half an hour of reading a day, just a few pages, will add up over time.

(10)中华民族是一个兼容并蓄、海纳百川的民族,在漫长的历史进程中,不断学习他人的好东西,把他人的好东西化成我们自己的东西,这才形成我们的民族特色。

The Chinese nation is open-minded. Over centuries, we have been continuously drawing on others' strengths and shaping the character of our own nation.

(11)中方将继续在联合国等场合为非洲仗义执言、伸张正义,支持非洲在国际舞台上发挥更大作用。

China will continue to stand up and speak for Africa at the United Nations and other forums, and support Africa in playing a greater role on the world stage.

(12)要落实党委的主体责任和纪委的监督责任,强化责任追究,不能让制度成为纸老虎、稻草人。

In combating corruption, Party committees should be duty-bound, while discipline inspection commissions should take on supervisory responsibilities. They all should strengthen the accountability system to prevent our institutions from becoming a facade.

(13)提出改革举措当然要慎重,要反复研究、反复论证,但也不能因此就谨小慎微、裹足不前,什么也不敢干、不敢试。

Before putting forth a reform measure, we must research and discuss it carefully, but this does not mean being overcautious or hesitant to try anything new. ("谨小慎微、裹足不前"意思大致相同,"什么也不敢干、不敢试"是对"谨小慎微、裹足不前"的进一步说明。)

(14)近年来,从应对亚洲金融危机到应对国际金融危机,从抗击印度洋海啸到抗击中国汶川特大地震灾害,我们各国人民肩并着肩、手挽着手,形成了强大合力。

In recent years, our peoples have stood side by side and forged strong synergy in responding to the Asian financial crisis and the international financial crisis, and in responding to the Indian Ocean tsunami and China's Wenchuan earthquake.

(15)改革是循序渐进的工作,既要敢于突破,又要<u>一步一个脚印、稳扎稳打</u>地向前走,确保实现改革的目标任务。

Reform is a gradual process. We should make bold breakthroughs while advancing <u>step by step</u>, so as to ensure the realization of the reform goals.

(16)只要我们紧密团结,<u>万众一心</u>,为实现共同梦想而奋斗,实现梦想的力量就无比强大,我们每个人为实现自己梦想的努力就拥有广阔的空间。

As long as we close ranks and pursue this common dream with great determination, we can create enormous strength to achieve it and enjoy vast space for each and every one of us to fulfill our own dreams.

二、反义关系

世界上一切事物都是对立统一的,对立关系在语言中的表现便是反义词的存在。反义词是客观世界矛盾的、对立的事物和现象在人类语言中的反映。反义词是语言表述不可或缺的词汇。每一个词作为语言单位,不管是实词还是虚词,只要有意义(包括概念意义和语法意义)就有与它意义相反的词,即反义词。换言之,每个词在整个词汇系统中都有它的位置,其存在的价值取决于它与别的词相互对立。反义词经常在同一句子或相邻的句子中出现,不同词类的两个词也可能构成反义关系(antonymy)。例如:Lighten our darkness, we pray.

同一词语在不同的上下文可能会构成反义。例如:

(1)a. 相声演员<u>花招</u>真多。　　　b. 他们打麻将竟使<u>花招</u>。

(2)a. 作风<u>泼辣</u>。　　　　　　　b. 这女人<u>泼辣</u>得很,谁都不敢惹她。

名词"花招"在(1)中分别表示"巧妙的技法""骗术";形容词"泼辣"在(2)中分别指"勇敢""尖酸"。严格意义上来讲,这两个语义不是反义词,但它们在价值评价上形成褒贬的对立,汉语中有很多情感类形容词和副词表现出这样的语义特性。(王楠楠,2018:18)

反义关系不仅是语义关系,而且是词汇关系,因此反义词不仅需要在语义上相反,而且需要具有明确的词汇关系。最明显的表现是英语中有些反义词是形态反义词(morphological antonyms),即其中一个词是由另一个词加否定词缀派生而来的。如在词前加 un 就构成与原词相反的反义词。例如 happy—unhappy,kind—unkind,usual—unusual。汉语中也有否定前缀(如非、不、无、反)加在词根

上与原词构成反义,如导体—非导体,能干—无能,规则—不规则。(李松芬,2014:335)

反义词可以分为可分级的反义词、互补反义词(或矛盾反义词)和逆反词3种类型。

等级反义关系(gradable antonymy)是最常见的一种反义关系。当我们说两个词语之间是反义关系的时候,说的就是这种关系。比如:长—短,大—小,高—矮,胖—瘦,美—丑,轻—重,rich—poor, large—small, love—hatred, heavy—light, old—young, shallow—deep 等。这种词的特点是两极的对立是渐进性的,在两极对立中间可加适当修饰词,如 very heavy/light, quite large/small, neither rich nor poor 等。

互补反义关系(complementary antonymy)指的是两个词的语义完全相互排斥、相互否定,没有中间状态,二者之间是"你死我亡"的关系,即对一方的肯定必然是对另一方的否定,二者不能同时出现。比如,"生(alive)与死(dead)",两者是不能同时出现的,为互补关系。同样的还有 man/woman, agree/disagree, possible/impossible 等。

换位反义词(conversive),亦称反向反义关系(converse antonymy),指的是两个词在语义上既表示对立关系,又表示相互依存关系。一方的存在以另一方的存在为前提,双方形成一个对立的统一体。两组词之间并不是肯定谁或者否定谁的关系,更多的是表示两者之间是一组反向关系,比如"sell 和 buy""give 和 receive""lend 和 borrow""parents 与 children""teacher 与 student""salesman 与 customer"。从上述例子可以看出,两种关系只是从不同的社会角度来看待,更多表示的是两两对立的社会角色,并不存在谁对谁错的关系。这种反义关系总会涉及两个实体,一个预设了另一个,这是与前面两种反义关系最主要的不同之处。

在表达相同意思时,反义词往往比句法结构上的否定形式语气更强。例如:英国著名小说家狄更斯曾用过下面这样一个句子:

(3)"I am sorry to inform you that we are not at all satisfied with your sister; we are very much dissatisfied with her."

从整句中我们可以看出,作者虽然在第一个分句中用了 at all 来加强句法结构上的否定语气,但仍嫌不够,又在第二个分句中用了反义词 dissatisfied 来重复所表达的内容,以示语气的加强。

(4) It is meeting the public need, not private greed.

这符合公众的需要,而不是个人的贪心。

public 和 private 是一对反义词,它们有助于强化另一组词 need 的 greed 的对照关系。

在一些由成对的反义词组成的短语中,两个词的前后位置一般是固定的,不能随意更改。有的跟汉语词序相同,如 man and wife(夫妻)、cause and effect(因果)、black and white(黑白)、thick and thin(厚薄)等;有的与汉语词序相反,如 right and left(左右)、rich and poor(贫富)、old and new(新旧)、sooner or later(迟早)等。

三、上下义关系

词汇可以在一个共同概念的支配下结合在一起。在这个共同概念下,起概括词义作用的词属于上义词,受其支配的词属于下义词。(何庆元,2012:77)

英国语言学家 Palmer 在《语义学》一书里对上下义关系(hyponymy)有明确定义:

Hyponymy involves us in the notion of inclusion in the sense that tulip and rose are included in flower, and lion and elephant in animal. Inclusion is thus a matter of class membership. The upper term is superordinate and the lower term the hyponym.

上下义关系(hyponymy)又称语义包含,指表示个别概念的词包含在表示一般概念的词中。下义词包含于上义词中,体现的是一种"类属关系",反映在自然现象的分类体系上,也反映在人类制造的物品的分类关系上。上下义关系反映的是一种语义上的包含与被包含的关系。比较具体的、作为种概念(species,如 tulip、rose)的名称被包含在比较一般的、作为类概念(genus,如 flower)的名称之中。相对比较具体的名称叫作下义词(superordinate),比较一般的名称叫作上义词(hyponym)。比如,"动物"是"狮子""大象""老虎"的上义词。"狮子""大象"以及"老虎"同是"动物"的下义词,称为共下义词或并列下义词。(张萌萌,2018:40)汉语中的"酒"可以进一步划分为葡萄酒、威士忌、啤酒、白酒、米酒等。"酒"构成上义词。在英语中,可以找到 wine、whisky、beer 等这样的下义词,却没有与"酒"对应的上义词。

部分—整体关系(meronymy)也是一种层次关系,多数出现在具有指称的人类制造的物体上,也出现在比较抽象的实体上。观察这两种关系的时候,我们都会发现许多"空词项"(lexical gaps)。由此可见,这两种语义关系并不是完全系统化的。

在翻译中,利用上下义关系,可以使词义具体化。例如:

(1) High voltage current is usually carried by overhead wire system so as to prevent living things being electrocuted.

通常采用高架线来传送高压电,以防人畜触电。

英语例句中 living things 泛指所有有生命的个体,然而在汉译时把这一词的词义范围缩小了,具体地说明是人畜而没有包括其他生物。这样的转换是很巧妙的,把 living things 这一概括性的上义词具体化,这样更加符合实际意义,同时句子的意思也更加清楚明了。(张萌萌,2018:41)

(2) Do you have a family?

你有孩子吗?

例(2)的句子大家很容易错译成"你成家了吗?"这里的 family 和汉语中我们熟知的意思并不对等。family 有"家庭成员的意思",但这里强调的是孩子,并重点强调养育孩子的责任。(陈德彰,2005)

在翻译中,利用词语的上下义关系可以实现词语的虚实转换。例如:

(3) 老百姓的<u>衣食住行</u>,社会的日常运行,国家机器的正常运转,执政党的建设管理,都有大量工作要做。

There is a tremendous amount of work to do in meeting the people's <u>daily needs</u>, ensuring the smooth running of society and the normal functioning of the state apparatus, and building and managing the governing party.

(4) 有的要求超规格接待,住高档酒店,吃山珍海味,喝美酒佳酿,觥筹交错之后还要"意思意思"。

Some demand excessive receptions, stay at expensive hotels, eat <u>all sorts of delicacies</u>, drink <u>fine wines</u> and then take bribes.

利用词语的上下义关系可以避免词语重复。

(5) 我们要认识到,<u>山、水、林、田、湖</u>是一个生命共同体……对<u>山、水、林、田、湖</u>进行统一保护、统一修复是十分有必要的。

We need to realize that our <u>mountains, waters, forests, farmlands and lakes</u> form a living community ... and carry out unified protection and restoration programs for its <u>natural resources</u>.

"山、水、林、田、湖"各有所指,但在后文再次出现时用 natural resources 替代,这样既可以使语言简洁,又可以避免词语重复。

(6) His daughter is ill again. The child is hardly well.

他的女儿又病了,这孩子身体老是不好。

例句(6)中,the child 指代上文的 his daughter,意思上是表达同一个人。但为了避免重复,在第二句中使用上义词。

第二节　英汉词语对比

1. 词语构成

英语和汉语分属不同的语系,英语属于印欧语系,汉语使用汉藏语系,它们在文字书写和词语构成方面存在很大的差异。

英语是声音语言,采用表音文字。汉语是形象语言,采用表意文字。拼音文字与其反映的客观事物之间没有任何联系,因而文字在表达客观事物的概念时具有任意性,其音素组合的任意程度很大,信息量很低,词的形式和意义之间没有理据性。除合成词和少数拟声词外,英语单词如 heavy、air、plant 等数以万计的词都是非自释性的。汉语文字系统微观结构的图像性强,任意程度低于表音文字,信息量高于表音文字。表意文字以取象为主,是对自然事物的模仿。比如"月"和"日",在甲骨文中就是太阳和月亮的形象。表意文字的自释性很强,视觉语义分辨率很高。比如"信"表示人言,"明"表示日月,"掰"表示两手分开之意。在传统的六书中,象形是基础。指事是在象形的基础上加标记来指事的,会意是在原有的象形基础上逐步深化,通过形象的复合来提示人们的思维和联想的。形声则是在象形符号的基础上增加声符来扩大文字再生产的。(曾剑平,2002:47–48)

汉字是一个个方块字,均匀对称,十分美观。象形和指事会意符号给读者带来美感和联想,在模拟形态方面有其不可比拟的优势。汉字的结构关系可分为3大类——上下关系、左右关系、内外关系。如:

上下关系:思、呆、苗、字

左右关系:江、课、相、信

内外关系:房、同、困、匡

汉字的象形书写体系决定了它的视觉特征,而汉字的形美要在翻译中保留是一件很困难的事情。有人曾利用汉字的结构特点写成这样一首诗:

冻雨洒窗,东两点,西三点。

切瓜分片,横七刀,竖八刀。

这首诗利用汉字的特点,把"冻""洒""切""分"几个字形拆开,然后取其意。英语虽也有拆词表达法,但此时要把它译为英语,就只能束手无策,原因在于这两种语言书写系统迥异。

汉字的书写形式还可用来拆字。拆字(anagram),也叫测字,把汉字的偏旁笔画拆开或合并,做出解说来预测吉凶。它是汉语特有的文字游戏,也是一种常用的修辞方法,英语难以传译。曹雪芹在《红楼梦》中常使用这种方法,以达到幽默、含蓄的艺术效果。如:

(1)根并荷花一茎香,

平生遭际实堪伤。

自从两地生孤木,

致使香魂返故乡。

(《红楼梦》第5回)

Your stem grew from a noble lotus root,

Yet your life passed, poor flower in low repute.

The day two earths shall bear a single tree,

Your soul must fly home to its own country.

(Hawkes 译)

Sweet is she as the lotus in flower,

Yet none so sorely oppressed.

After the growth of a lonely tree in two souls,

Her sweet soul will be dispatched to its final rest.

(杨宪益译)

"两地生孤木"系一字谜:两地,即两个"土"字;孤木,一个木字。两个"土"字加一个"木"字,就是一个"桂"字。这句暗示夏金桂的名字。最后两句暗示英莲要被夏金桂害死。以上两译本中的"two earths shall bear a single tree""The growth of a lonely tree in two soils"只是再现了"两地生孤木"的字面意思,而真实意图却未体现出来,使人们不禁感到翻译是一种令人遗憾的艺术。好在 Hawkes 在附录中注解道:"In the poem mysterious 'two earths' and 'single tree' combine to make the Chinese character for '桂',cassia."通过加注,读者可以理解原文隐含的意思,译者也有柳暗花明的感觉。

(2)子系中山狼,

得志便猖狂。

金闺花柳质,

一载赴黄粱。

(《红楼梦》第 5 回)

Paired with a brute like the wolf in the old fable,

Who on his saviour turned when he was able.

To cruelty not used, your gentle heart,

Shall in a twelve month only, break apart.

(Hawkes 译)

For husband she will have a mountain wolf,

His object gained he ruthlessly berates her.

Fair bloom, sweet willow in golden bower,

Too soon, a rude awakening awaits her.

(杨宪益译)

子系:你是。"子"和"系"合起来,就是一个繁体的"孙"字,指贾迎春的丈夫孙绍祖。以上两种译文都未能在字面上再现原文隐含的这层意思。两位译者通过增加"paired with","For husband"来展示其中的内涵。Hawkes 还在附录中加注,以帮助读者加深对原文的理解,尽量保留原文的信息内涵。

(3)张俊民道:"胡子老官,这事在你作法便了。做成了,少不得'言身寸'。"王胡子道:"我那个要你谢!"(《儒林外史》)

Zhang Junmin say: "Handle it as you think best, Whiskers. If you pull it off, I'll not fail to thank you."

Wang Huzi say: "As if I wanted thanks from you!"

"言身寸"就是"谢"的书写形式。

英汉语言词语构成也存在差异。

首先,派生法差异。派生法也称"缀合法",主要是利用词根和词缀来构成词汇。英语的词缀有前缀和后缀,前缀主要用于改变词汇的含义,有时会改变词性,如 rich—enrich。后缀主要用于改变词性。英语通过派生法,增加了很多词汇,有时一个词根可以派生若干个词语,如 possible—impossible—possibly—possibility。汉语虽然也有派生构词法,包括前缀和后缀,但其构词力远不如英语那么大。有些汉语前缀没有具体含义,只是起构词作用,如老婆、老虎、老大中的"老"字,阿公、阿妈、阿婆中的"阿"字。

其次,复合法差异。复合法是词语构成的主要方法。复合法指的是将两个或两个以上的词构成一个新词。

英语的复合词构成法有:

①复合名词:形容词+名词(如 goodbye)、动名词+名词(如 washing-room)、动词+名词(如 chopsticks)、名词+名词(如 football);

②复合形容词:形容词+现在分词,如 good-looking(好看的)、ill-tempered(脾气不好的)、absent-minded(心不在焉的)。副词+现在分词,如 hard-working(勤奋的)。名词+过去分词,如 English-speaking(讲英语的)。名词+过去分词,如 man-made(人造的)。副词+过去分词,如 well-known(著名的)。

汉语复合名词与英语的复合名词构成相同,但复合形容词不同,因为汉语没有分词一说。此外,汉语复合词会按照某种语法规则或者逻辑顺序构成。例如:

时间顺序:古今、朝昔、旦夕、开关、先后等。

因果顺序:打倒、冲淡等。

心理顺序:高矮、善恶等。

主谓结构:私营、头疼等。

偏正结构:雪白、鸟瞰等。

动宾结构:唱歌、跳舞等。

动补结构:缩减、展开等。(孔勇,2014:44)

此外,汉语词语有同义相构和阴阳为序的现象。同义相构是指构成词组的前后两个词意思相同,如道路、声音、语言。阴阳为序是指构成词组的前后两个词意思相反,如宽窄、长短、大小。

再次,缩略法差异。英语的缩略词主要分为节略式(如 copter—helicopter,

gent—gentleman, flu—influenza)、首字母缩略式(如 UFO—unidentified flying object,VIP—very important person)和混合式。汉语的缩略词主要包括截取式(如北大—北京大学,清华—清华大学)、选取式(如科技—科学技术,科研—科学研究)、提取公因式(如中小学—中学和小学,工农业—工业和农业)和数字概括式(如三好学生、四大名著)。

英汉语言都具有同一词语兼具多种词性的现象。但汉语可以连续书写同一词语而表达不同意义的现象。例如：

(4)江海朝朝朝朝朝朝朝落,浮云长长长长长长长消。(山海关孟姜女庙的楹联)

例(4)的对联断句不同,会有不同的意义,例如：

海水朝朝潮,朝潮朝朝落;浮云长长涨,长涨长长消。

海水潮,朝朝潮,朝潮朝朝落;浮云涨,长长涨,长涨长长消。

海水潮,朝朝潮,朝朝潮落;浮云涨,长长涨,长长涨消。

海水朝潮,朝朝,朝朝落;浮云长涨,长长涨,长长消。

海水潮,朝潮,朝潮,朝朝落;浮云涨,长涨,长涨,长长消。

海水潮！潮！潮！潮！朝潮朝落;浮云涨！涨！涨！涨！长涨长消。

汉语同一词语因为读音不同而产生不同意义。例如：

(5)好读书不好读书,好读书不好读书。

这里"好"有两种读音:第三声(为形容词)和第四声(为动词),读音不同,意义自然不同。所以这副对联可做两种理解：

条件好的时候不好好读书,喜欢读书或想读书的时候又没有条件读书。

喜欢读书的时候没有条件,有条件时又不喜欢读书。

(6)人要是行,干一行行一行,一行行行行行,行行行干哪行都行。要是不行,干一行不行一行,一行不行行不行,行行不行干哪行都不行。

"行"的不同读音有不同意义,所以该句子较难理解。

2. 词义

2.1 内涵意义差异

词语除概念意义外,还有内涵意义,即它们在人们头脑中产生的某种联想。内涵意义与民族文化密不可分。英汉民族有不同的地理环境、历史背景和文化心理,对同样的事物会有不同的联想语义。例如,汉语中的"荷花"一词在中国人的头脑里就可能产生"出污泥而不染"的联想,而英语中的 lotus flower 就没有这种内涵。在西方文化中,lotus 象征着摆脱尘世痛苦的忘忧树。传说人如果吃了它的果实,就会忘掉一切。因此英语中的 lotus 有安逸、懒散、无忧虑的隐含意义。例如:

  lotus-land 安乐之乡

  lotus-eater 醉生梦死、贪图安逸之人

  lotus-eating 醉生梦死、贪图安逸的行为

  lotus life 懒散、悠闲的生活(孔勇庆,2014:138)

  汉族文化中,蝙蝠是吉祥、健康、幸福的象征,但在西方文化中蝙蝠是一个丑陋、凶恶、吸血动物的形象。与蝙蝠有关的词语大都带有贬义,如 as blind as bat(有眼无珠),(have) bats in one's belfry(疯疯癫癫)。此外,中国人认为喜鹊是吉祥的象征,常常说喜鹊到,好运到,但西方人认为喜鹊是"多嘴多舌"的象征。又如,"猫头鹰"和"owl"在汉语和英语语言文化中都有不吉利、凶兆、死亡的联想意义。但英语中有"as solemn as an owl"(像猫头鹰般庄重、肃穆)的说法,所以英语语言文化中,"owl"还会使人产生庄重、肃穆的联想,而汉语中的"猫头鹰"却没有这种联想意义。英语中的 daffodil(黄水仙)是春天、欢乐的象征,而在中国黄水仙仅仅是指一种花。

  汉语中的"气管炎"和英语中的"tracheitis"都是一种疾病的名称。但是,汉语的"气管炎"这个词在使用中,人们容易联想到"怕老婆"的含义,而英语的"tracheitis"则不具有这样的含义。"他有气管炎(妻管严)"这句话如果译成"He suffers from tracheitis."外国人只能理解为"他有气管炎病",如果把这句话译为"He is an obedient husband."就不会引起误解了。

  但是,这样的翻译似乎只是解释了原文的意思,还没有表达出原文的文化色彩,还不能使译文在读者那里产生与原文对等的效果。如果引用英语中的同义习语翻译成"He is a henpecked man."无论从信息的传递还是译文所产生的效果上看,都更自然,对等地再现了原文的意思。

2.2 语义范围差异

  英汉语言中,相同的词语在语义方面也存在差异,有的语义范围大,有的小。如"知识分子"和"intellectual"在各自的文化背景中,含义也不同。在中国,"知识分子"外延比较宽泛,包括大学教师、中学教师、大学生、医生、工程师、翻译人员

等。甚至在许多落后偏远的农村,连中学生也被认为是"知识分子"。但在美国和欧洲,"intellectual"只包括大学教授等有较高学术地位的人,而不包括普通大学生。我国有"江"和"河"之分,英语就用一个词 river。汉语里只有"山"一词,英语却有 mountain、mount 和 hill 之别;汉语里有"抬、挑、提、扛、背"之别,英语里一个"carry"就应付了;汉语"麻、辣、烫"与之对应的英语词只有一个"hot";中国的普通人知道一二种茶的名称,专业人士可以分出上百种,有白茶、红茶、毛尖、普洱茶等,大多数西方人恐怕只能分出红茶(black tea)和绿茶两个名称。汉语中的"干部"一词使用非常普遍,英语中的指称可以分为 administrator(行政官员), official(官员,高级职员), officer(军官,高级官员), functionary(机关工作人员), cadre(干部,骨干), office worker(办公室工作人员), public/civil servant(公务员), government employee and professional(政府雇员和专业人员)。

一般来说,英语词义比较灵活,词的含义范围比较宽,比较丰富多变,词义对上下文的依赖性比较强,独立性比较弱。汉语词义比较严谨,词的含义范围比较窄,比较精确固定,词义的伸缩性和对上下文的依赖性比较弱,独立性比较强。"I am a young teacher with no experience as a parent, but I have a suggestion for parents."在英语中,说这句话的人可以是男性,也可以是女性;但在汉语中,说话的人通常根据自己的性别说明"没有做父亲"或"没有做母亲"的经验,只有在泛指的场合才说"做父母的经验"。汉语词义的伸缩性和对上下文的依赖性比较弱,独立性比较强。

语义范围差异在称谓方面尤为明显。家庭成员、父方的亲戚、母方的亲戚,对于任何民族的家庭来说都是一样的。但是,由于社会文化的原因,在分类上有粗有细,有的重合,有的不重合。在英语中,家庭成员和亲属有 father、mother、grandfather、brother、sister、aunt、uncle 和 cousin。其中有 3 个区分特征:性别(sex)、辈分(generation)、直系和旁系(degree of linearity)。在汉语的亲属词中,除了上述 3 个区分特征,还有一个区分特征,那就是内外之别(distinction between the inner and outer)。父方的亲属为"内",母方的亲属为"外"。这样一来英语的 grandfather 本来是不分内外的,不管是父亲的父亲,还是母亲的父亲,一律称之为 grandfather。而在汉语中要分内外,父亲的父亲为内,称祖父;母亲的父亲为外,就称为外祖父。同样,英语中的 grandson 和 nephew 在汉语里也有内外之别。英语的 uncle 等于汉语的伯父、叔父、舅父、姑父、姨父 5 个称谓。与之对应的 aunt 相当于汉语中的姑母、姨母、伯母、婶母、舅母。cousin 等于汉语的堂兄、堂弟、堂姐、堂妹、表兄、表

弟、表姐、表妹8个称谓。(周志培,2003:493)

英语中的 kill 一词相当于汉语中的"杀",但在下列句子中有许多别的意思。例如:

(1)在那场战争中日本军队屠杀了成百上千无辜的平民。
Japanese army killed millions of innocent people during the war.

(2)有3个男子在事故中丧生。
Three men were killed in the accident.

(3)汽车的引擎由于大水而熄了火。
The engine was killed by the flood.

(4)你的笑话真是笑死人。
Your joke nearly killed me.

(5)我读这本书只是为了消磨时间。
I'm reading this book just to kill time.

从上面的例子可以看出,汉语中的"杀"主要表示"杀人""杀猪""杀虫""杀菌"等意义,而英语中"kill"的语义范围比汉语要宽泛得多,不但可以表示"杀",还可以表示很多其他意义。

2.3 词的情感意义差异

由于历史和文化背景不同,每一种语言都有一部分词汇具有一定的社会意义和情感意义。如"虎"在汉族人眼里是百兽之王,但在英语里"虎"的地位被"狮"取代,即"狮"在西方人眼中的地位类似中国人眼里的"虎"。因此,在汉译英时,应考虑到文化差异和译文的可接受性,把"拦路虎"译成"a lion in the way"就比"a tiger in the way"贴切。

类似的译例还有:

胆小如鼠 as timid as a hare

苦如黄连 as bitter as wormwood

狐假虎威 ass in the lion's skin

瓮中之鳖 a rat in a hole

胸有成竹 to have a card up one's sleeve

物以类聚 Birds of a feather flock together

冷若冰霜 as cold as marble

猫哭老鼠假慈悲 to shed crocodile tears

狗改不了吃屎 The leopard can not change his spots

爱屋及乌 Love me, love my dog

像热锅上的蚂蚁 like a hen on a hot girdle

又如汉语文化中由"龙"构成的词语如"望子成龙""龙飞凤舞""龙凤呈祥"等全都是褒义词。在封建时期,"龙"还被用来专指皇帝,皇帝被认为是"真龙天子"。最好吃的东西是"龙肝凤胆",海内外的炎黄子孙都称自己是"龙的传人"。"龙"在中国文化中是能呼风唤雨、见首不见尾的神物,也是中华民族图腾的象征,被赋予了神圣、至尊、吉祥、勇猛、非凡等普通西方读者无法意会的含义。西方文化中的dragon(龙)绝无褒义,它只是硕大、凶残的怪兽,专做吞噬人和动物的勾当。因此,有的专家建议,"龙"不应译为dragon,而应译为Chinese totem(中国的图腾)。

尽管所指的事物相同,但由于不同的社会文化给以不同的联想而造成不同的文化含义。英语国家喜爱宠物,狗是他们最喜爱的宠物之一。而狗在汉文化中却是一种卑微的动物。与狗有关的词语大多含有贬义,如"狗胆包天""狗仗人势""狗腿子"。英文中,有关狗的词语大多没有贬义,如"be top dog"(居于高位)、"a lucky dog"(幸运儿)。

有时同一自然现象也会引发不同的联想。东风在中国人的概念中是和煦温暖的,代表着春天和美好事物。李商隐《无题》诗云:"相见时难别亦难,东风无力百花残。"东风是摧残百花的使者,所以才有百花残而怨东风之感慨。有人译为:

(1) Hard it was to see each other,

harder still to part!

The east wind has no force,

the hundred flowers wither. (INNES HERDAN)

(2) It's difficult for us to meet and hard to part;

The east wind is too weak to revive flowers dead. (参见许渊冲《中诗英韵探胜》)

这两种译法在西方人眼中无疑失去了那种淡淡幽怨的味道,缘于英国的地理位置,东风在英国人的眼中是凛冽的刺骨寒风,而西风却和暖。这样的直译扭曲了中文的文化意境。

英国人 John Masefield 也有一首 *Ode to the West Wind*:

It's a warm wind, the west wind, full of birds' cries;
I never hear the west wind but tears are in my eyes,
For it comes from the west lands, the old brown hill.
And April's in the west wind, and daffodils.

这是暖风哟,西风哟,充满了小鸟的歌唱;
我每一次听到了西风,就不禁泪水哟盈眶,
因为它来自那西土,那苍老而暗黄的山峦。
西风吹来了四月,也吹来了水仙。
(余光中译)

对于中国读者来说,此译文中的西风无疑是个让人迷惑的意象,与整诗抒情的怀乡基调不符,显得形容突兀,而在英国的文化环境下则恰到好处。

2.4 搭配意义差异

不同的词有着不同的搭配范围。同一个词与不同的词搭配,往往会产生不同的联想,被赋予不同的意义。例如,英语中的 pretty 和 handsome 两个词都可以译为"漂亮的",但它们却有着不同的搭配范围。从与它们搭配的词来看,pretty 似乎隐含着一种女性的柔美或清秀之美,而 handsome 却似乎强调一种近乎阳刚的美。再如 soft 与不同的词搭配产生了不同的意义:soft pillow(软枕)、soft music(轻柔音乐)、soft wood(软木)、soft money(纸币)、soft breeze(和风)、soft drink(不含酒精的饮料)、soft word(和蔼的话语)、soft goods(毛织品)、soft water(不含矿物盐类而易溶解肥皂的水)、soft hat(呢子帽)、soft voice(低声)、soft light(柔光)、soft fire(温火)。

2.5 风格意义差异

词的风格意义牵涉到不同的语体(方言)、文体(如诗歌、小说、演讲、报告等)、交际方式(如书面语、口头语)、作者、个人的说话风格以及不同层次的用语(如正式的与非正式的用语)等因素。汉语语体基本分为文、白两大块,文言虽已成为历史,但其词汇在现代汉语中得到了继承。汉语中还有众多的方言土语,也给汉语语体增添了变化:

汉语表达"die"的概念除了"死",还有"卒""归西""蹬腿儿";
表示"I""me"的词有"吾""我""俺""自己""鄙人"等;

表示"what"概念的词有"何""什么""啥"等。

英语中具有语体色彩的同义词语有3类——英语本族词、外来词、习语同义词。这些词在言语中的不同比例就能体现不同的语体风格。如源于拉丁语、希腊语和法语的词语往往比本族词更为正式,多用于科技、学术、事物性文体中,具有书面特征;习语则显得生动活泼,具有口语的特点。

3. 词序差异

英语和汉语的许多短语词序是不同的。这主要是由不同的英汉表达习惯造成的,例如,mind and body 身心(英语的词序是"心身"),the sick and the wounded 伤病员(英语的词序是"病伤员"),fire and water 水火(英语的词序是"火水"),similarities and differences 异同(英语的词序是"同异"),food and drinks 饮食(英语的词序是"食饮"),awe and respect 敬畏(英语的词序是"畏敬")。(仲崇月、王英杰,2006:187)汉族人的思维次序是"东、西、南、北",英国人的思维次序则是 north、south、east、west。汉语还用"东北、西北、东南、西南"来表示方位,英语中也不乏类似的方位词。例如 northeast、northwest、southeast、southwest,但其中每个词的构词顺序与汉语的构词顺序也恰好相反。(刘婷婷、李开荣,2010:53)

在某些英语固定词组中,单个形容词作定语时,习惯上放在中心词之后,汉语中的形容词都前置,例如:court martial 军事法庭、letter patent 专利证书、the president elect 当选总统。(司继涛,2000:77)在词组 male and female 中,英语中先说"雄"(male)后说"雌"(female),而汉语的词序是"雌雄";flesh and blood,英语的词序是先说"肉(flesh)"后说"血(blood)",而汉语的词序是"血肉"。英语中的"young(少)and old(老)"是按由小到大的规律排列的,符合大自然规律,而汉语与之呼应的是"老少"这一词组。汉语之所以将"老"置于前,是因为自古以来,中国人就将尊老爱老、长辈优先视为美德。(仲崇月、王英杰,2006:186)

汉译英时应该按照英语的词序翻译。例如,钢铁 iron and steel,前后 back and forth,水陆 land and water,田径 track and field,华东 East China,迟早 sooner or later,新旧 old and new,视听 audio-visual,沉浮 ups and downs,悲欢 joy and sorrow,捉迷藏 hide-and-seek,饥寒交迫 suffer from cold and hunger,文学艺术 art and literature,团结一致 unity and solidarity,强弱 weak and strong。

第三章　文化词语翻译

　　翻译是跨文化的言语交际活动。这一定义有两层含义：一是翻译是文化活动，受文化语境约束。也就是说，翻译的所有活动都是在一定的文化语境下进行的。一方面，翻译不能违背主流意识形态和文化价值观；另一方面，文化专有项（如文化词语）的翻译具有可接受性，能被目的语读者理解。二是翻译是言语交际活动。所谓言语交际，就是用言语符号而不是非言语符号表达意思而实现交际目的。翻译就是语言文字的转换。由于语言与文化密切相关，所以在某种程度上说，语言翻译就是文化翻译。所谓文化翻译，狭义上讲，就是文化专有项的翻译；广义上讲，就是涉及文化的所有翻译活动。

　　文化翻译涉及文化取向，即源语取向还是译语取向。源语取向采取异化翻译策略，译语取向采取归化翻译策略。异化翻译和归化翻译这两种翻译策略是施莱尔马赫提出来的。1813 年，德国古典语言学家、翻译理论家施莱尔马赫在《论翻译的方法》中提出，翻译的途径只有两种，"一种是尽可能让作者安居不动，而引导读者去接近作者；另一种是尽可能让读者安居不动，而引导作者去接近读者"。1995 年，美国翻译理论家劳伦斯·韦努蒂在其 *The Translator's Invisibility: A History of Translation* 一书中，将第一种方法称作"异化法"（foreignizing method），将第二种方法称作"归化法"（domesticating method）。异化翻译指生成目标文本时会通过保留原文中某些异国情调的东西来故意打破目的语惯例的类型。归化翻译是指译文采用明白、流畅的风格，以使读者对外来文本的陌生感降到最低限度的一种翻译策略。异化和归化各有千秋。前者主张译文应以源语或原文作者为归宿，保留了词语的文化形象，但如果译文通篇都是外来词语，会使读者产生陌生感，译文可读性要差些，而且译文语言势必对目的语的规范造成重大冲击，破坏其运行机制。而后者主张以目的语或译文读者为归宿，在翻译法上恪守本族文化的语言传统，迎合了本民族的文化心态，因而可读性强，缺点是导致文化亏损，而翻译是文化交流的过程，隐瞒文化信息就是对原文的不忠。

　　翻译的文化取向应该从微观、中观和宏观上考虑：微观上考虑文化词语翻译的归化或异化，中观上考虑文化词语的全译或变译，宏观上考虑文化的输入或输出。微观和中观是从译文读者的角度考虑的翻译策略,宏观是从国家文化方面考虑的翻译策略。在跨文化翻译中,翻译策略的选择可以说是一个主观的过程,反映和折射出翻译主体——译者的文化意识、文化立场和文化态度,同时也体现译者的翻译目的和时代精神,深深地打着时代的文化烙印。翻译策略和方法的选择并非一种简单的技巧问题,它与翻译的目的或者说翻译所承担的神圣使命息息相关,更是译者的文化取向使然。有研究表明,在从强势文化到弱势文化的翻译过程中,往往采用异化的策略。而在从弱势文化到强势文化的翻译过程中,多采用归化法,这样可以更好地推广弱势文化,原因是身处强势文化中的目的语读者,往往对弱势文化比较陌生,采用归化法可以先帮助他们理解文化意义,激发他们对异域文化的兴趣。(况新华、曾剑平,2008:155)本章研究文化翻译的微观和中观策略。

第一节 词语的文化性及其翻译

1. 文化的概念

文化是一个内涵丰富、外延宽广的概念。有关文化,据说有260多种定义。最经典的定义是英国人类学家泰勒提出来的。泰勒(Edward Burnett Tylor)在《原始文化》(1871)一书中首先定义文化——"一个复合的整体,其中包括知识、信仰、艺术、道德、法律、风俗以及作为社会成员而获得的任何其他的能力和习惯"。(Culture or civilization taken in its wide anthro-graphic sense, is that complete whole which includes knowledge, beliefs, art, morals, law, custom and any other capabilities and habits acquired by a man as a member of society.)萨丕尔(E. Sapir)在其《语言论》中是这样说的:"Culture can be explained as what the society does and thinks."。(文化可以看成是一个社会所做的和所想的一切。)文化人类学家认为,文化有表层结构、中层结构和深层结构。表层结构,指物质文化。它反映人与自然的关系,指人类改造自然界的活动方式及全部产品,是整个文化发展的基础和动力。中层结构指制度文化。它反映人际关系,指人改造社会的活动方式及其活动成果,包括社会生活中形成的制度、风俗以及相关的理论、规范等,是整个文化发展的关键要素。深层结构指心理文化。它反映人与其自身的关系,指改造主观世界的活动方式及其全部结果,包括价值观念、思维方式、道德情操、宗教信仰、民族性格、审美情趣等。文化具有象征性,语言是文化中最重要的象征系统。作为文化载体,语言在其形成和发展过程中,深深地烙印着社会生活的各个侧面,反映和折射着某一独特的文化现象。(曾剑平、张玲玉,2001:99)

2. 词语的文化性

语言和文化关系密切。文化是语言形成和发展的土壤,语言是反映文化的一面镜子。语言是文化的载体,是民族文化的浓缩。词语是语言的建筑材料,同样负载着文化信息。具有文化意义的词语在语言学上被称为国俗词语,其语义被称为国俗语义,或国俗伴随意义。国俗语义是语义民族性的一种表现。它反映了使用该语言的国家的历史文化和民族风情,具有民族文化特色。

词语的文化性主要表现在以下方面:

(1)词语的形式具有文化性。这在会意文字中表现尤为明显。在汉语传统的六书中,象形是基础。指事是在象形的基础上加标记来指事的,会意是在原有的象形基础上逐步深化,通过形象的复合来提示人们的思维和联想。形声则是在象形符号的基础上增加声符来扩大文字再生产的。古人云:"以字解字,其意自明;左形右声,动逢其源。"(申小龙,1988:35)比如,中国古代曾以贝壳为货币,在汉语中许多与金钱相关的字均带有"贝"字旁,如"财""贵""贱""购""贩"。以言为意符的形声字,如"语""谈""请""谒""谋""许""诺""讽""读""训""诲""譬""谕""论""议""诛""讨""诽""谗",都是和言语有关的字。再如,在同是源于象形文字的汉字、古埃及语和苏美尔语中,"男、女"这两个字的表达方式不太相同。汉语中的男、女实际上是会意字。"男"表示"田里的劳动力",而"女"字据说是一个跪在地上的人的形象。这说明我们的祖先在创造这两个字时考虑到了这两种人在社会活动中的分工和地位关系。而在古代埃及的象形文字中,"男""女"是用两个人头来表示的。区别仅在于女的头发比男的长一些。说明古埃及人看到的是男女之间身体外观上的差异。但在苏美尔人的楔形文字中,男、女两字直接用两性的不同生殖器官的图形来表示。苏美尔人看到的还是男女之间最原始、最基本,也是最本质的区分。他们更注重男女两性的自然差异。这种比较说明这些民族在创造这两个字时处于不同的社会发展阶段。(曾剑平、张玲玉,2001:99)

(2)地理环境。英国是典型的海洋国家,因而其语言中有很多同海洋和航海有关的比喻和习语,如 over head and ears 本是水手们的语言,作"灭顶"解。后来陆地上的人们用它来表达其他的活动,如 over head and ears in debt(深陷债务)、over head and ears in love(深陷爱情)。其他与海洋和航海有关的词组有 when one's ship comes(当某人发财致富时),to keep one's head above water(勉强凑合过日子),to know the ropes(懂得秘诀、内行),to rest on one's oars(暂时歇一歇),to sink or swim(好歹、不论成败),as close/dumb as an oyster(守口如瓶),cast/lay/have an anchor to windward(未雨绸缪),等等。而传统的中国是典型的农业国家,因而产生了大量与农业有关的比喻和习语,如多如牛毛、体壮如牛、老黄牛。生活在北极圈的人不知道 selva(热带雨林),生活在赤道非洲的人也不知道 igloo(雪块搭成的小屋)。而 sirocco(热带地区的热风)不管是在英国还是在美国都没有这个词。因纽特人用许多不同的词来表示雪,如地上的雪(aput)、正在下的雪(gana)、正在堆积的雪(pigirpong),说明气候条件(或者说"冰雪")对他们生存的极端重要性。而对于一个夏威夷人来说,雪就是雪,对雪做出那么细的区分简直是不可思议的。斐济人的语言中没有任何一个词可表示雪的意思,因为斐济人生活在热带条件下,终年见不到雪,也就没有雪的概念,只是在欧洲人来到斐济之后才开始创造了一个总括性的词来表示雪;可是另一方面,他们却用许多不同的词来表示不同品种的椰子生长过程中的每个阶段。(曾剑平、张玲玉,2001:100)同样中国的"三伏""三九"在英语中没有对应的词;中国有黄河,美国有密西西比河;中国有竹,英国没有;等等。

(3)物质文化。各民族的衣食住行各具特色,各有一些对方没有的东西,如中国的饺子、包子、汤圆,西方的 ice cream、cheese、hot dog、各色面包。再如中国的长袍马褂、英国的燕尾服(swallowtail)、中国人的中山装、美国人的牛仔衣(cowboy jacket、jeans)等。中国的算盘、筷子、二胡、旗袍、麻将等在英语中就没有对应的词。传统中国人的主食是米饭,有"巧妇难为无米之炊"的说法;英语有 earn one's bread(自谋生计)的说法,说明 bread 在英国人的主食中是不可少的。英语中有各种各样的帽子,如 beret(贝雷帽),bowler(常礼帽),topper(高顶礼帽),panama(巴拿马帽),stetson(宽檐帽),flatcap(鸭舌帽),fez(红毡帽),skull-cap(无檐帽),deerstalker(猎鹿帽)。中国人恐怕只熟悉西方的"礼貌",其他帽子什么样子都不知道,如猎鹿帽。这些帽子在英语中有不同的文化含义。比如,英美人读到 stetson,立刻联想起牛仔;读到 bowler,常常联想起英国的上流社会人士;读到 topper,就会想到旧时彬彬有礼的绅士以及宴会等场合。(张春柏,2003:207-208)

(4)社会文化,包括政治文化、制度文化、法律文化、人情风俗、文化心理等。

中国清代,皇帝后宫里有佳丽三千,妻妾等级分明,因而汉语中有关宫女名称的词汇就丰富多彩,如"皇后、皇贵妃、妃、嫔、贵人"。这是清代宫廷文化的一个写照。而英国是一个君主制国家,贵族内由君主赐封的爵位等级十分严明,和这种文化背景密切相关的则是英语中的爵位名称,如公爵(duke)、侯爵(marquis)、伯爵(earl)、子爵(viscount)以及男爵(baron)。中国有武术、象棋,英国有壁球、斯诺克(snooker);英国有上院(House of Lords)、下院(House of Commons),中国有全国人民代表大会、政治协商会议等。英语中的 fair play 表达了英国人民在漫长的岁月中认为合乎社会需要的行为准则。同样,"仁、礼、义、节、三纲五常"等词语也表达了中国古代封建统治者认为合乎社会需要的行为规范。从成语"十恶不赦"中可以窥见封建社会的法律制度。在社会习俗方面,过去中国人有磕头、作揖的习惯,西方人有单腿跪拜的礼仪。中国人注重乡土观念,因而有"老乡"的概念,而英语社会中,人们并不看重老乡关系,因而也就没有这一概念。中西文化差异导致中英文在家庭和亲属关系称谓上有很大不同,几乎所有的亲戚关系都能在汉语中找到相应的名称,但英语中没有,导致一些称谓存在不可译性。如汉语的"妯娌"和"连襟",就很难译成英语,只能译成 women who are married to brothers 和 men who are married to sisters,但这不是对等的翻译,只能算是解释,因为汉语词典也是这样解释的。

(5)宗教文化。世界上有三大宗教——基督教、佛教和伊斯兰教,每个宗教都有表达自己信仰或教义的语汇。英国人多信仰基督教,老百姓常见的建筑物都是教堂(church),由于教堂里通常没有可以供耗子吃的食物,教堂里的耗子经常挨饿,所以英语中有这样一个习语 as poor as the church mouse,相当于汉语的"一贫如洗"或"无立锥之地"。其他与基督教有关的词语有 God、church、missionary、"God bless you."、"God helps those who help themselves(天助自助者)."、"Forbidden fruit is sweetest(禁果分外甜)."、"Every man must bear his own cross(人人都得背自己的十字架,喻指人人都得肩负重担忍受生活的苦难)."、"Go to the hell.";与佛教有关的词语有菩萨、观音、阿弥陀佛、三生有幸、三头六臂、菩萨保佑、菩萨心肠、九九归一、佛眼相看、佛口蛇心、借花献佛、临时抱佛脚、跑了和尚跑不了庙等。与伊斯兰教有关的词语有真主阿拉、清真寺、古兰经等。

(6)典故文化。有些词语之所以有引申义,是因为出自典故。英语和汉语中都有一部分成语源于各自的寓言或历史典故中的人名和地名。例如,sword of Damocles 出自古代希腊的一则历史故事,比喻临头的危险,类似汉语的"千钧一发"。burn one's boats 源自古罗马朱力斯·恺撒大军乘船越过 Rubicon 河后把船烧了,以此向士兵指明后路已断,不可能后退,现比喻"不留后路,下定决心",与汉语"破釜沉舟"同义。kill the goose to get the eggs,源自希腊寓言,说的是曾有个乡下人,因发财心切杀死了自己饲养的那只能下金蛋的鹅,以为这样就可以获得想象中的金块,结果一无所获。现比喻贪得无厌。据说,音乐之神阿波罗的灵魂进入天鹅体内,由此产生了毕达哥拉斯寓言,所有杰出诗人的灵魂都会进入天鹅体内,而天鹅在临死前唱的歌最优美动听,后人就用 swan song 来比喻诗人、作曲家、演员等的"最后作品"。汉语的"事后诸葛亮""三个臭皮匠顶个诸葛亮""诸葛亮给周瑜吊孝"等,都与诸葛亮有关,均出自《三国演义》。再如:

毛遂自荐 to volunteer one's service(毛遂——战国时期人名)

初出茅庐 at the beginning of one's career(出自《三国演义》的典故)

东施效颦 crude imitation with ludicrous effect(东施——古代一丑女的名字)

南柯一梦 a fond dream or illusory joy(南柯——古代传说的梦中地名)

四面楚歌 to be besieged on all sides(楚——战国时期的地名)

Catch-22 situation 不可逾越的障碍(源自美国作家约瑟夫·海勒的小说 *Catch-22*)

wash one's hands of a thing 洗手不干,与……断绝关系(出自《马太福音》。犹太巡抚彼拉多主持审判耶稣,由于他判定耶稣无罪,一些犹太人不服,因此他当众宣布洗手辞职并交出了耶稣,以示自己与此案无关。)

①有着 5000 多年历史的中华文明,始终崇尚和平,和平、和睦、和谐的追求深深植根于中华民族的精神世界之中,深深溶化在中国人民的血脉之中。中国自古就提出了"国虽大,好战必亡"的箴言。"以和为贵""和而不同""化干戈为玉帛""国泰民安""睦邻友邦""天下太平""天下大同"等理念世代相传。

The Chinese nation, with 5000 years of civilization, has always cherished peace. The pursuit of peace, amity and harmony is an integral part of the Chinese character which runs deep in the blood of the Chinese people. This can be evidenced by axioms from ancient China such as: "A warlike state, however big it may be, will eventually perish." "Peace is of paramount importance." "Seek harmony without uniformity." "Replace weapons of war with gifts of jade and silk." "Bring prosperity to the nation and security to the people." "Foster friendship with neighbors." and "Achieve universal peace." These axioms have been passed down from generation to generation.

②希望广大留学人员坚持面向现代化、面向世界、面向未来，瞄准国际先进知识、技术、管理经验，以<u>韦编三绝、悬梁刺股</u>的毅力，以<u>凿壁借光、囊萤映雪</u>的劲头，努力扩大知识半径，既读有字之书，也读无字之书，砥砺道德品质，掌握真才实学，练就过硬本领。

I hope that you will orient yourselves to modernization, to the whole world and to the future, and aim to broaden your knowledge in advanced knowhow, technologies and management expertise. You should keep the perseverance and diligence in reading as related in <u>stories of Confucius, Sun Jing and Su Qin, Kuang Heng, and Che Yin and Sun Kang</u>. You should learn by reading and from other people's practical experiences with equal devotion, temper your moral character, and make yourselves competent and well-versed in genuine skills.

③今天，我们提倡和弘扬社会主义核心价值观，必须从中汲取丰富营养，否则就不会有生命力和影响力。比如，中华文化强调"民惟邦本""天人合一""和而不同"，强调"天行健，君子以自强不息""大道之行也，天下为公"；强调"天下兴亡，匹夫有责"，主张以德治国、以文化人；强调"君子喻于义""君子坦荡荡""君子义以为质"；强调"言必信，行必果""人而无信，不知其可也"；强调"德不孤，必有邻""仁者爱人""与人为善""己所不欲，勿施于人""出入相友，守望相助""老吾老以及人之老，幼吾幼以及人之幼""扶贫济困""不患寡而患不均"；等等。

Today, we advocate and carry forward the core socialist values through absorbing the rich nourishment of Chinese culture, so as to invigorate its vitality and broaden its influence.

Here are some quotations from ancient classics that I'd like to share with you today:

"The people are the foundation of a state,"

"The harmony of Nature and man,"

"Harmony without uniformity,"

"As Heaven changes through movement, a gentleman makes unremitting efforts to perfect himself,"

"When the Great Way prevailed, a public spirit ruled all under Heaven,"

"Everyone is responsible for his country's rise or fall,"

"Govern the country with virtue and educate the people with culture,"

"A gentleman has a good knowledge of righteousness,"

"A gentleman is broad-minded,"

"A gentleman takes morality as his bedrock,"

"Be true in word and resolute in deed,"

"If a man does not keep his word, what is he good for?"

"A man of high moral quality will never feel lonely,"

"The benevolent man loves others,"

"Do things for the good of others,"

"Don't do unto others what you don't want others to do unto you,"

"Care for each other and help one another,"

"Respect others' elders as one respects one's own, and care for others' children as one cares for one's own,"

"Help the poor and assist those in difficulty,"

"Care less about quantity and more about quality."

例子的画线部分均有典故。

3. 文化词语的翻译

文化词语是指蕴含社会文化含义的词语,与一国的政治、经济、文化、历史和民情风俗密切相关。周志培在《汉英对比与翻译中的转换》中根据词语文化因素结构和意义特点将文化词语归为两大类:文化词(cultural words)和文化含义词(culturally loaded words/phrases)。文化词是指在某一特定文化中具有的事物和概念,而另一文化中没有,从而在翻译中双语转换时形成一种词汇空缺,通俗一点就是一个社会文化中具有的独一无二的事物,为其他社会文化所没有,负载这一事物的词语,在跨文化交际中就成为文化词。Newmark 把这种词称为 empty words。文化含义词所指的事物或概念是另一种语言中有的,只不过词义的宽窄方面不完全相同。

文化词汇的翻译策略主要有 6 种:音译、音意兼译、直译、直译加补充信息、意译、借用。

3.1 音译

反映中国特有事物的名称，汉译英时采用音译方法，把音和义都借过去，然后逐渐深入英语本土语层，成为英语新词汇的不乏其例。例如：孔子 Confucius，八达岭 Badaling，功夫 Kongfu，麻将 mahjong，荔枝 litchi，高粱 kaoliang，算盘 suanpan，叩头 kowtow 等。

3.2 音意兼译

有时译音不易让读者懂，在翻译实践中更为常见的是译音的同时又译意，或者叫音意兼译。如"胡同"可以音译为 hutong，但这不足以传达其文化色彩，要使外国人领略胡同的风采，表达时需译意。如 *China Daily* 翻译"胡同"时在音译后加了一串文字解释："Hutong, a passage between rows of courtyard houses, each consisting of a rectangular courtyard surrounded by one-story, tile-roofed houses."。这样就把其语义揭示出来了；又如桐油 tung oil，砖茶 brick tea，杜甫草堂 Dufu's Thatched Cottage，太湖 Taihu lake，峨眉山 Emei Mountain。再如：

(1) (古城)西安街头饮食摊店比比皆是，琳琅满目的美味，让人不知道先吃什么好。吃<u>羊肉泡馍</u>，还是吃<u>包子</u>？

More and more restaurants and food stalls have begun to line Xi'an streets, offering so many dazzling and delicious foods that it is hard to decide what to eat first. Will it be <u>Yangroupaomo</u>—cake soaked in mutton or <u>baozi</u>—steamed buns with meat or vegetable fillings?

3.3 直译

直译法是指在不违背英语文化传统的前提下，在英译文中完全保留汉语词语的指称意义，求得内容和形式相符的方法。通过直译，有许多表达中国特有事物的词汇已进入英语，并成为标准英语的一部分。有具有历史文化特色的中国英语词汇或短语，如 Four Books（四书）、Five Classics（五经）、eight-legged essay（八股文）。也有具有改革开放时代特色的词汇或短语，如：one China policy（一个中国政策）、two civilizations（两个文明）、special economic zone（经济特区）、Project Hope（希望工程）。

直译既能传达源语的概念意义，又能再现源语的民族文化信息，是丰富语言、促进文化交流的理想途径。如：

(1) 他连看都不看他们一眼,他想你猫哭老鼠充什么好人?(《埋伏》)

He did not so much as look at them, thinking, what's the good of your cats crying for the death of a rat?

"猫哭老鼠"在英语里有一个意义相近的习语 shed crocodile tears(掉鳄鱼泪),它常被借用来译"猫哭老鼠"这一成语。但在这里,译者使用直译法,保存了原文中"猫""鼠"的国俗语义(比喻形象),译文意思通达,语气自然。

(2) 风浪是意料中事;所谓"道高一尺,魔高一丈"。(《子夜》)

Heavy seas were only to be expected. "While the priest climbs a foot, the devil climbs ten!" was the way it went.

以上的习语(成语、熟语、典故)采用直译法处理,都能够极力保持英汉习语之原意、形象和语法结构,基本上兼顾"形式相当"和"功能对等"。文化含义强烈的习语经常使用直译法以保持原文风格。当然,这种直译法首先应该符合译文语言规范,译者应在不引起错误的联想或误解的前提下进行直译。

3.4 直译加补充信息

直译是在译文中保留源语文化色彩的最佳方法,但在一些情况下,单纯的直译却无法传达源语所包含的重要文化信息。对于这种情况,采用直译法之后,再意译补充其含义,会收到画龙点睛的效果。例如:

(1) 林边有一个洞,叫白龙洞。传说白蛇传的白娘子曾经在这里修炼。

Near the forest is the White Dragon Cave which is said to be the very place where Lady White, the legendary heroine of The Story of the White Snake, cultivated herself according to Buddhist doctrine.

白娘子是中国民间故事《白蛇传》中的人物,如果只是直译不加补充说明,英语读者未必知道是怎么回事,补充更多信息非常有必要。

(2) 她在戏中扮演包公。

She played the male role of Judge Bao in the opera.

Note: Judge Bao is the just and impartial judge in Chinese history.

"包公"是具有修辞意义的人名,在中国是家喻户晓的人物,但其刚正不阿、执法如山的形象,多数英语读者不熟悉。通过加注,原文的历史文化信息在译语中得到了介绍和顺利传达。

(3) 这种交往应该为君子之交,要亲商、安商、富商,但不能搞成封建官僚和

"红顶商人"之间的那种关系。

They should build a <u>gentlemen's relationship</u>. Officials should develop an affinity with entrepreneurs, create a stable business climate for them, and help them prosper. Their relations, however, should not be like <u>those between feudal bureaucrat and entrepreneurs holding official posts</u>.

(4)招商引资、上项目要严把安全生产关,加大安全生产指标考核权重,实行安全生产和重大安全生产事故风险"一票否决"。

Stringently supervise workplace safety when pursuing investment and implementing projects, increase the weighting of workplace safety in performance indicators, and follow the approach of "<u>one vote against meaning veto</u>". (A decision cannot be passed at a meeting if one attendee casts a vote against no matter how many votes are in favor.)

3.5　意译

意译法是指译者在受到译语社会文化差异的局限时,不得不舍弃原文的字面意义,求译文与原文的内容相符和主要语言功能相似的方法。如"龙"字,在汉语中有很特殊的文化色彩,是"高贵,庄严"等的象征,而其英语的对应词 dragon 则表示"怪物、魔鬼、凶残"等。因此,"望子成龙"不可直译为 to hope that one's son will become a dragon,应意译为 to hope that one's son will become somebody。汉语中"一龙一猪"这个成语是指两个人在两个极端,一个极其聪明、能干、有出息,另一个极其愚蠢而毫无希望。如果直译成"One is a dragon, another is a pig.",英美人会不得要领,这就需要释意"One is very capable, while the other is extremely incompetent."。其他的如:杞人忧天 unnecessary anxiety,大刀阔斧 to make snap decision,不管三七二十一 no matter what(where, how, when…),九曲十八弯 a twisting crooked,吊膀子 carry on with (girls, women)/flirting with (girls, women),桃花运 lucky with beautiful girls,穿小鞋 to make things hard for somebody,等等。再如:

(1) She is a <u>cat</u>.

她是个<u>包藏祸心的女人</u>。

(2) I wonder whether he is a <u>Trojan Horse</u>.

我不知道他是否是个<u>内奸</u>。

"Trojan Horse"源于希腊神话,是特洛伊之战时,希腊人所做的木马。希腊兵藏于木马腹中进入特洛伊城。此典故常被用来告诫人们提高警惕,谨防打入内部的敌人。

（3）在农村，特别是比较偏僻落后的农村，还残存着少数<u>包办买卖婚姻</u>的陋习。

In China's more remote and backward rural areas, corrupt practices exist in the form of <u>forced marriages</u>.

"包办买卖婚姻"是封建社会的产物，就是"强迫性的婚姻"。如果直译成 arranged or bought and sold marriages，既冗长又难懂，势必影响文化交流。这里，译者将"包办买卖婚姻"意译为 forced marriages，较好地传达了原文的社会文化信息。

3.6 借用

由于英汉两种语言存在差异和不同的民族文化背景，相同的事物可能有不同的联想，不同的事物也可能有相同的联想，而且文化具有共通性，英汉两种语言中有一些相同或近似的表达方式，这就为借用创造了条件。比如，汉语中与"笨猪"相对的英语是 silly ass；而与英语 pig-headed 相对的汉语是"犟驴"；汉语用"饭碗"比喻职业，英美人不吃米饭而吃面包，所以这个比喻便译成 a bread and butter job；"夹生饭"比喻不成熟，英语则用 half-baked 即"面包烤了一半"；"鱼米之乡"喻指富庶的地方，英语则说 land flowing milk and honey，即"遍地都流着牛奶和蜜糖"才称得上富庶。再如：

（1）姨奶奶犯不着来骂我，我又不是姨奶奶家买了。"<u>梅香拜把子</u>——都是奴才"罢咧！这是何苦来呢！（《红楼梦》）

You've no call to swear to me, madam. You didn't buy me. We're <u>all birds of a feather</u>—all slaves here. Why go for me?

（2）你们住的地方真可谓<u>世外桃源</u>啊！

What <u>an Arcadia</u> you live in!

Arcadia 是古希腊的一个高原地区，用以比喻田园牧歌式的纯朴生活，与我国晋代诗人陶渊明笔下的桃花源在意义上对应，不妨借用。

第二节　习语翻译

1. 习语的特点

习语是人们在语言发展过程中,经过长期沿袭使用提炼出来的固定短语或短句,是语言的精华、智慧的结晶。但凡历史悠久的语言都包含大量的习语,汉英两种语言自然也不例外。习语一般具有结构严谨、形式简练、含义精辟、形象鲜明、表达生动等特点。和冗长的语句相比,习语显得短小精悍、言简意赅,虽只有寥寥数语,却形象生动、透辟精当、传神达意。习语适用于比喻事物,有的习语意思显而易见,有的含蓄,意在言外,可引起丰富的联想。习语在意义上呈现出整体特征,就是说,习语的意义不能通过构成成分的字面意义而获得。比如"泼冷水",并不是"把冷水而不是热水泼向某人"的意思,而是指"打击人的热情",这一意义我们无法从"泼"和"冷水"的意义的简单相加中获得。同样,"穿小鞋"也不是真的穿一双小号的鞋,而是"比喻遭人(多为职权者)暗中刁难、约束或限制"。(卢英顺,2007:141)

习语一般来自古代经典、著名作品、历史故事、民间传说等,通常都具有鲜明的形象性和浓厚的民族色彩和地方色彩。由于人类生活的世界、人类的思维和情感有共通之处,因此,各种文化和语言也表现出一定的相融性和共同点。

习语涉及范围广,包括成语、俗语、谚语、格言等。

2. 习语的翻译

2.1　直译

直译法是指在忠实原文意思的前提下,努力传达原文的形象和风格,使译文的表达形式和句法结构尽量与原文一致,也就是保留原文的修辞效果和民族特色的翻译方法。

有时尽管习语形象化的比喻对译语读者来说可能陌生,但为了保留其鲜明的民族特点和语言魅力,仍然采用直译方法。只要译文表意清晰、朗朗上口,就能为译语读者所领会和接受。并且随着人们对译语的反复接触和广泛使用,直译过来的习语便渐渐融入译语当中,从而丰富了译语语言。例如:

(1) build castles in the air 建空中楼阁

（2）shed crocodile tears 掉鳄鱼眼泪

（3）armed to the teeth 武装到牙齿

（4）袖手旁观 standing by with folded arms

（5）画饼充饥 draw cakes to allay hunger

（6）大海捞针 fish for a needle in the ocean

（7）背道而驰 to run in the opposite direction

（8）对牛弹琴 play the harp to a cow

（9）不入虎穴，焉得虎子？ How can one get tiger cubs without entering the tiger's lair?

（10）<u>照抄照搬</u>他国的政治制度行不通,会<u>水土不服</u>,会<u>画虎不成反类犬</u>,甚至会把国家前途命运葬送掉。只有扎根本国土壤、汲取充沛养分的制度,才最可靠,也最管用。

<u>Blindly copying the political systems of other countries</u> will <u>never work in China</u>. They will never adapt to our country. Such a course of action will "<u>turn the tiger you are trying draw into a dog</u>". It could even spell an end to the independent destiny of our country. Only a system deeply-rooted and fully nourished in our own soil is trust-worthy and well serve our purposes.

（11）无论批评还是自我批评,都要<u>实事求是</u>、出于公心、与人为善,不搞"<u>鸵鸟政策</u>",不<u>马虎敷衍</u>,不<u>文过饰非</u>,不发泄私愤。<u>忠言逆耳,良药苦口</u>。对批评意见,要本着有则改之、无则加勉的态度,决不能用"批评"抵制批评,搞无原则的纷争。

Both criticism and self-criticism should be conducted <u>with respect for facts</u>, with good intentions towards others, and for the public good. There will be no <u>burying of heads in the sand</u>. No one will <u>act either superficially or excessively</u> during criticism sessions, and personal grudges will be avoided. <u>Good advice is jarring to the ear, just as good medicine is bitter to the tongue.</u> In response to criticism, you should correct mistakes if you have made any, and guard against them if you have not. We should never use "criticism" as a weapon against criticism, or fight each other without principle.

直译法既保存了原文的字面意义、形象意义和隐含意义,又保留了原文的风格。但在习语直译过程中,我们易犯"望文生义"的错误,也就是根据字面意义就断然将英汉习语联想、对应起来。比如 eat one's words 常被误译为"食言"。其实 eat one's words 是指"收回前言""认错道歉";而"食言"的意思是"言而无信""不守诺言",与它对应的英语习语应为 break one's words。短语 to wash one's hands 很容易让我们联想到"洗手不干",而其实际意思是"断绝关系""推脱责任"。短语 to move heaven and earth 易被误译为"翻天覆地",其实应作"千方百计""不遗余力"解。短语 to pull sb's leg 看起来是"拖某人后腿"的意思,而其实是"愚弄某人"的意思。"You claw me and I'll claw you."是"你捧我,我就捧你"的意思,如果望文生义的话会译为"以牙还牙",而其实是"互相吹捧"的意思。

2.2 意译

意译是指通过对原文深层意蕴的理解将原文的表层结构转化为译文的表层结构,即打破原文的语言形式,用译文的习惯表达形式把原文的意蕴再现出来。但形式的转换和再创造必须服从于原文信息的传达,不可偏离原文的内容与风格而随意发挥。意译法的核心是灵活变通。例如:to sit above the salt 如直译为"坐在盐的上方"让人不知所云。吃饭时,餐桌上放一个盐罐,家长和贵客坐在盐罐上方,晚辈或地位较低者坐在下方。因此,这一习语的喻义是"坐上席,受优待"的意思。"Last night I heard him driving his pigs to market."如将上句中的画线部分译为"把他的猪赶到市场"必会让人笑掉大牙,这句话其实应译为"昨夜我听见他鼾声如雷"。再如:

(1) apple of one's eye 掌上明珠,心肝宝贝

(2) born with a silver spoon in one's mouth 出身富贵

(3) chip off the old block 酷似父母的子女

(4) eyes in the back of one's head 神通广大,无所不知

(5) give someone the eye 暗送秋波,含情脉脉

(6) The teenagers don't invite Bob to their parties because he is a wet blanket.
青少年们不邀请鲍勃参加他们的聚会,因为他是一个令人扫兴的人。

(7) 出人头地 stand out

(8) 攀龙附凤 play up to people of power and influence

(9) 引狼入室 open the door to a dangerous person

(10) 爱不释手 fondle admiringly

(11) 此地无银三百两。

A guilty person gives himself away by conspicuously protesting his innocence.

(12) 一个巴掌拍不响。

It takes two to make a quarrel.

(13) 打开天窗说亮话 frankly speaking

(14) 靠旁门左道、歪门邪道搞企业是不可能成功的,不仅败坏了社会风气,做这种事心里也不踏实。

No company can succeed through improper and unscrupulous practices. These practices not only undermine social ethics, but also undermines the good conscience of those involved.

(15) 有的对待上级部署囫囵吞枣、断章取义,执行上级决定照本宣科、等因奉此,或者照猫画虎、生搬硬套,以前怎么做就怎么做,别人怎么做就怎么做,完全不顾本地本部门实际情况。

some follow plans and directions from their superiors without trying to understand them properly. Some implement the decisions of superiors to a superficial degree, while others awkwardly imitate—doing things according to the old way or following others without considering the particular circumstances that apply to them.

意译的缺陷是词语文化形象的亏损。

2.3 套译

尽管中国和英国两个国家的生活环境、风俗习惯、民族特色各异,但在心理活动、情感流露、逻辑思维及社会经历方面往往有相同之处,体现在语言方面,就是英语和汉语中存在一些意思相同的习语。例如"Well, I don't intend to second-guess you on that issue.",second-guess 意思是 resolve a past problem, remark a decision,与汉语中的"放马后炮""做事后诸葛亮"不谋而合。再如:

(1) more haste, less speed 欲速则不达

(2) a fall into the pit, a gain in your wit 吃一堑,长一智

(3) kill the goose that lays the golden egg 杀鸡取卵,竭泽而渔

(4) beat someone at his own game 以其人之道还治其人之身

(5) between the devil and the deep blue sea 进退维谷,腹背受敌

(6) end of one's rope 黔驴技穷

(7) game is up 东窗事发

(8) give the devil of his due 平心而论，一视同仁

(9) 本末倒置 put the cart before the horse

(10) 爱财如命 skin a flea for its hide

(11) 百闻不如一见。Seeing is believing.

(12) 拆东墙补西墙 rob Peter to pay Paul

(13) 脚踩两只船 sit on the fence

(14) 留得青山在，不怕没柴烧。Where there is life, there is hope.

(15) 物以类聚，人以群分。Birds of a feather flock together.

(16) 唯利是图 draw water to one's mill

(17) 杀鸡用牛刀 break a butterfly on the wheel

(18) 有情人终成眷属。Jack shall have Jill, all shall be well.

(19) 一箭双雕 to kill two birds with one stone

(20) 趁热打铁 to strike while the iron is hot

(21) 空中楼阁 castle in the air

(22) 破釜沉舟 to burn the boat

(23) 晴天霹雳 a bolt from the blue

2.4 直译加注

英语和汉语中有一部分带有浓厚的民族色彩、地方特色或具有典故性的习语，尤其是一些含有人名、地名、事件或特殊文化现象的习语，其中的形象直译后虽然不会产生文化冲突，但译语读者难解其意，翻译时应先译出字面意义，再点出隐含意义，这样既保留了原文的形象和风格，又使读者在片刻费解之后恍然大悟。从译文的形式上来看，英语中的习语颇似汉语的歇后语。

(1) Emerging from the "pastry-crooks", Soames' first impulse was to vent his nerves by saying to his daughter: "Dropping your handkerchief!" to which her reply might well be: "I picked that up from you." (J. Galsworthy)

从"糕点"店出来，索姆斯本想对女儿发作一下，对她说："有意把手帕掉在地上，勾引人家。"但她很可能应声道："我这举动是从你那儿学来的。"

如果翻译时只译出 dropping your handkerchief 的字面意义，读者肯定是一头雾水，不知所云。译文中补充的隐含意义起到了画龙点睛的作用。

(2) "You have strength," he could hear her saying, "but it is untutored

strength." "Like a bull in a china shop", he suggested, and won a smile.

"你有的是力量,"他听见她说,"可是那是未经驯化的力量。""像一头闯进瓷器店里的公牛,一动就会闯祸。"他这么说着,赢得对方莞尔一笑。

(3)"难道这也是个痴丫头,又像颦儿来葬花不成?"因又自笑道:"若真也葬花,可谓'东施效颦'了;不但不为新奇,而且更是可厌。"(《红楼梦》第三十回)

"Can this be another absurd maid come to bury flowers like Taiyu?" he wondered in some amusement. "If so, she's Tung Shih imitating His Shih*, which isn't original but rather tiresome."

*His Shih was a famous beauty in the ancient Kingdom of Yueh. Tung Shih was an ugly girl who tried to imitate her ways.

这类成语如果不加解释地直译出来,译文读者一般很难理解其寓意。如果改为意译,又无法保存其原有的形象和风格。因此,这类成语的翻译可以采用直译加解释法,分两部分进行。前一部分直译以保留原成语的文化色彩,使读者见到其原有的形象和风格;后一部分加以解释,帮助读者进一步理解它们的潜在意义。一般来说,包含特定的历史背景,特别是出自文学作品、历史事件等带有浓厚的民族地方色彩或具有典故性的成语可采取这种译法。

翻译习语时要注意以下几个方面:

一是不要把译语的民族或地方色彩强加到源语中去。例如,"Two heads are better than one."和汉语习语"三个臭皮匠胜过诸葛亮"虽然有相同的意义,但在英译汉时决不能套用后者,因为诸葛亮是我国的一个历史人物,否则与原作上下文会产生矛盾。如果把它译为"一人不及两人智"就比较合适,意思不变,又可避免因民族色彩而引起的矛盾。(张培基,2008:162 - 163)再如:

(4)Give somebody an inch and he will take an ell. 得寸进尺。不译为得陇望蜀。

(5)teach one's grandmother to suck eggs 教奶奶吮吸鸡蛋(在内行人面前充内行)。不译为班门弄斧。

(6)a blessing in disguise 福祸互为因果。不译为塞翁失马,焉知非福。

(7)blow hot and cold 朝三暮四。不译为朝秦暮楚。(郭著章、李庆生,2003:140)

(8)Talk of the devil, and he is sure to appear. 说某人,某人就到。不译为说曹

操,曹操到。

二是每个成语都带有各自的感情色彩,或褒或贬,也可能褒贬皆可或中性,翻译时要分辨清楚。如"Birds of a feather flock together."(物以类聚,人以群分)看起来并无贬义,但一般只用于消极意义。"It's all ill wind that blows nobody good."(天下无绝对的坏事)看起来是坏意,其实是好意。"most killing manner"(笑煞人的滑稽相)并无贬义,如果译成"杀气腾腾的样子"就带有贬义了。make an example of someone 常被译作"树立榜样",实际上前者是用来警告他人,是"惩一儆百"的意思,而"树立榜样"在汉语中却是褒义词。to be hand and glove with 既可用于褒义,又可用于贬义,翻译时要根据上下文区别对待,不能不加区别地一概译成"亲密无间",如在"The two friends are hand and glove with each other."中应译为"情同手足"(褒义);在"The two traitors and the enemy were working hand in glove with each other."中应译为"相互勾结"(贬义)。

三是注意习语的变体。习语有时掩首藏尾或以缩略形式出现,如果读者不熟悉原来的习语,往往会不明其义。如 to cry over spilt milk 出自谚语"It's no good crying over spilt milk."(牛奶洒了,哭也无益)。When the cat's away 出自俗语"When the cat's away, the mice will play."(猫儿不在,鼠儿成精)。jack of all trades 源自 jack of all trades and master of none(杂而不精的人)。(张培基,2008:164)

第三节　数字缩略语的翻译

缩略语具有地域性强、专业性强、时间性强和信息量大等特点。缩略语的使用符合语言经济简约原则。如果词语长而啰唆,而这个词语又经常使用,人们就会创造一个缩略语来浓缩词语信息。缩略语简单便捷,既省时又省篇幅。英语和汉语中都有大量的缩略语。据统计,英语缩略语有十多万条,而常用的缩略语也有两三万条。汉语的缩略语虽然没有做过统计,但从其发展趋势看,不会少于英语缩略语的数量,无论是政治、经济用语,还是文化、生活用语,都大量使用缩略语以简化词语结构。显然,使用缩略语跟人们的生活节奏有关。在现代社会,人们追求高效率,不愿在语言表达方面花费过多的时间和精力,因而用词用语都力求简约。使用缩略语正好符合人们在语言表达方面的要求。(曾剑平,2003:58)

汉语缩略语大都属于政治、文化词语,具有很强的时代性和民族语义色彩,而且数字缩略语占多数,在一定时期内广泛流行,成为大众化词语。在行文表达方面,大多数缩略语可以像一般词语一样独立使用,不会在上下文中出现解释性内容,如"五讲四美三热爱""三来一补""三资企业""打黄扫非"。它们中的大部分是时事用语,所指对象涉及多方面的社会文化知识,具有百科词语的性质,内容比一般词语丰富得多。(曾剑平,2003:59)

翻译缩略语要把缩略语所含的信息全部表达出来。如:

(1)扎实开展"<u>两学一做</u>"学习教育,认真落实党中央<u>八项规定</u>精神,坚决纠正"<u>四风</u>",严格执行国务院"<u>约法三章</u>"。(2017年政府工作报告)

We carried out in earnest activities to enable Party members to <u>gain a good understanding of the Party Constitution, Party regulations, and General Secretary Xi Jinping's major policy addresses and to meet Party standards</u>. We worked scrupulously to ensure compliance with the Party Central Committee's <u>eight-point decision on improving Party and government conduct</u>, took firm action to address formalism, bureaucratism, hedonism, and extravagance, and rigorously enforced the State Council's <u>three-point decision on curbing government spending</u>. We punished a number of corrupt officials in accordance with law, and the fight against corruption has built up irresistible momentum. (Report on the Work of the Government)

上述例子出现了4个缩略语:"两学一做"、八项规定、"四风"和"约法三章"。这些缩略语信息量都很大。中文读者如果不学习时事政治,都未必能讲得清楚它们的准确含义。在翻译中"两学一做"和"四风"的信息被还原了,八项规定和"约法三章"的内容以意译的形式被高度概括。其中,八项规定内容很多,放在篇章内全部还原的话需要一大段文字解释,妨碍篇章的连贯性,如要解释也只能单独注释。"约法三章"是指本届政府内,政府性的楼堂馆所一律不得新建;财政供养的人员只减不增;公费接待、公费出国、公费购车只减不增。

(2)二是着力抓好"<u>三去一降一补</u>"。

Second, we focused on five priority tasks—<u>cutting overcapacity, reducing excess inventory, deleveraging, lowering costs, and strengthening areas of weakness</u>.

"三去一降一补"即去产能、去库存、去杠杆、降成本、补短板五大任务。

(3)降低"五险一金"缴费比例。

lower the share paid by enterprises for social security contributions(Notes: <u>This</u>

includes old-age insurance, health insurance, unemployment insurance, workers' compensation, maternity insurance, and housing provident fund schemes).

"五险一金"指的是五种社会保险以及一个公积金,"五险"包括养老保险、医疗保险、失业保险、工伤保险和生育保险;"一金"指的是住房公积金。

(4)全面推行"双随机、一公开",增强事中事后监管的有效性,推进"互联网+政务服务"。

We introduced an oversight model of random inspection and public release across the board. (Note: The model comprises inspections of randomly selected entities by randomly selected inspectors and the public release of inspection results, and cut the price of electricity), made operational and post-operational oversight more effective, and promoted the Internet plus government services model.)

"双随机、一公开",即在监管过程中随机抽取检查对象,随机选派执法检查人员,抽查情况及查处结果及时向社会公开。

(5)统筹推进"五位一体"总体布局和协调推进"四个全面"战略布局。(2017年政府工作报告)

Promote balanced economic, political, cultural, social, and ecological progress and coordinated implementation of the Four-Pronged Comprehensive Strategy. (Note: This refers to making comprehensive moves to finish building a moderately prosperous society in all respects, deepen reform, advance the law-based governance of China, and strengthen Party self-governance.)

"五位一体"指经济建设、政治建设、文化建设、社会建设、生态文明建设。"四个全面"指全面建成小康社会、全面深化改革、全面依法治国、全面从严治党。

(6)建成"三河三湖"流域水污染治理项目44个。

We completed 44 projects designed to prevent and control water pollution in the valleys of the Huaihe, Haihe and Liaohe rivers and Taihu, Chaohu and Dianchi lakes.

"三河三湖"指淮河、海河、辽河、太湖、巢湖和滇池。

(7)近年来,在各级政府和有关组织的支持和带动下,农村贫困地区妇女积极参加"双学双比"活动。

In the past years, led and encouraged by governments at all levels and organizations concerned, women in poor rural areas have taken an active part in the campaign of "learning culture and technology, and emulating each other in achievements and conditions".

"双学双比"指学文化、学技术、比成绩、比贡献。

(8)从试点情况看,农村税费改革规范了农民与国家、集体之间的分配关系,有效减轻了农民负担,遏制了农村"三乱"。

Experiments showed that this reform helped standardize income distribution between farmers on the one hand and the state and the collective on the other hand and effectively reduced the financial burden on farmers by combating <u>indiscriminate fines, charges and levies</u> in rural areas.

"三乱"指乱罚款、乱收费、乱征税。

(9)为了支持社会保障制度改革,做好"两个确保"工作,2001年中央财政将继续增加用于社会保障方面的资金。

Funding for social security has again been increased in the central budget for 2001 to support reform of the social security system and <u>ensure adequate funds used to pay living allowances for workers laid off from state owned enterprises and pension benefits for retirees from state-owned enterprises in full and on time</u>.

"两个确保"指保证有足够资金全额及时支付国有企业下岗工人的生活费用和退休人员的养老金。

(10)现行财税体制是在1994年分税制改革的基础上逐步完善形成的,对实现政府财力增强和经济快速发展的双赢目标发挥了重要作用。

Developed on the basis of the tax distribution system reform initiated in 1994, the current fiscal and taxation systems have played an important role in <u>increasing the government's financial strength and promoting the rapid growth of the economy</u>.

"双赢目标"就是"政府财力增强和经济快速发展"。

(11)对恐怖主义、分裂主义、极端主义这"三股势力",必须采取零容忍态度,加强国际和地区合作,加大打击力度,使本地区人民都能够在安宁祥和的土地上幸福生活。

We should have zero tolerance for <u>terrorism, separatism and extremism</u>, strengthen international and regional cooperation, and step up the fight against these three forces, so as to bring peace and happiness to the people of this region.

"三股势力"就是指恐怖主义、分裂主义、极端主义。

有些缩略词只用模拟法翻译还不够清楚,还应该在其后加上文字说明,分文内说明和文外加注。文内说明就是在括号中阐述缩略语的含义。例如：

（12）为了在现代化建设中坚持正确的方向，他旗帜鲜明地提出坚持四项基本原则。

To ensure a correct direction for the modernization drive, he raised the question of adhering to the four cardinal principles in clear cut terms. (adherence to the socialist road, the people's democratic dictatorship, the Communist Party leadership and Marxism-Leninism and Mao Zedong Thought.)

（13）按照"三个代表"的要求，抓住机遇，加快发展。

According to the requirements of the Three Represent's (the CPC represents the requirement to develop advanced productive forces, an orientation towards advanced culture and the fundamental interests of the overwhelming majority of the people in China), we must seize opportunities and accelerate development.

（14）本店售出的货物实行"三包"。

The goods sold by the shop have three guarantees (for repair, replacement or compensation of faulty products).

文外注解就是以注解的形式说明缩略语的内涵。例如：

（15）"一个中心、两个基本点"，是中国共产党在社会主义初级阶段的基本路线的主要内容。一个中心，指以经济建设为中心；两个基本点，指坚持四项基本原则，坚持改革开放。

"One central task, two basic points" is the main content of the CPC's basic guideline in the primary stage of socialism. The "one central task" refers to economic development, while the "two basic points" are the Four Cardinal Principles and the reform and opening-up policy.

（16）"四大考验"，指执政考验、改革开放考验、市场经济考验、外部环境考验。

The "four tests" refer to the tests of exercising governance, carrying out reform and opening up, developing the market economy and responding to external development.

（17）"四种危险"，指精神懈怠危险、能力不足危险、脱离群众危险、消极腐败危险。

The "four risks" refer to the risks of inertia, incompetence, being divorced from the people, and corruption and other negative phenomena.

第四节　色彩文化内涵与翻译

色彩是人类认识世界的重要领域,它不仅具有物理的本质属性,还有丰富的文化内涵。世界各民族语言表达颜色的词语多寡不一,分类各异。中国和英国对基本颜色词的分类基本上是相同的,都采用七分法,即赤、橙、黄、绿、青、蓝、紫。单色虽然只有7种,可是这7种颜色的组合和变化是无穷无尽的,而且每种颜色都有浓淡明暗之分,英语中的 shade 和 hue 就是表示颜色的细微色差的。(钱庆斌,2015:134)

由于人类文化的共性及相互渗透,相同的色彩在不同民族中会有相同的象征意义。色彩的象征性是色彩的联想被固定为一种社会观念时形成的,这种象征意义是色彩内涵性质的外延,与该社会的历史、文化等人文因素紧密相连。例如,红色热烈奔放,象征着喜庆和奋进;绿色是生命之色,显示着青春的活力和蓬勃的生机;白色纯净素雅,蕴含着圣洁无瑕、纯朴自然之意。

中国人和英国人对自然本色的认识和感受大体一致,但人情风俗、宗教信仰和民族文化心理存在差异,因此各种色彩所引发的联想意义、象征意义和蕴含的寓意不尽相同。

1. 红色

无论在中国还是在英语国家,红色都是喜庆、吉祥、好运、高兴和幸福的象征。汉语中与红色搭配的词语如"开门红""大红人""红运当头""生意红火",都是指好的方面。此外,红色在中国也是进步和革命的象征,如"五星红旗"是中国国旗的象征,红脸关公是忠臣的象征。在英语文化中,红色既可能象征高兴、幸福和热情,也可以借指发怒、生气、负债、骚动、罪恶。例如:

a red letter day 大喜的日子

to see red 发怒、大发脾气

to go red 脸红、羞愧

in the red 亏损、负债

red alert (空袭)紧急警报

red-handed 手上沾满血的、正在犯罪现场的、现行犯的

red-blooded 充满活力的、健壮的

to paint the town red 狂欢、痛饮、胡闹

go into the red 出现赤字、发生亏损

paint it red 把事物夸大

He was caught red-handed. 他在做坏事时被当场捉住。

红色在英汉语言中都可用来表示某种感情。英语中的 become red-faced 同汉语中的"脸红"一样,表示"不好意思""难为情"。汉语的"见红"和英语的"see red"意思却大相径庭:前者指"妇女分娩前流血",后者指"大发脾气、火冒三丈"之意。例如:

(1) The maxim was that when a married couple saw red, lawyers saw green.

俗话说,夫妇吵得脸红耳赤之时,便是律师招财进宝之日。

红色还象征着放荡、淫秽,如:

a red waste of his youth 他那因放荡而浪费的青春

a red light district 花街柳巷(红灯区)

(2) Is she really so red as she is painted?

难道她真的像人们所描绘的那样放荡吗?

2. 绿色

绿色在中西文化中的引申含义有很大的差别。在汉语言文化中,绿色代表侠义,比如我们把聚集山林、劫富济贫的人称为"绿林好汉";另外绿色还代表低贱,如汉朝时的仆役着绿帽。妻子有外遇而使丈夫脸上无光,低人一等,叫给丈夫戴"绿帽子",译成英语就是 to be a cuckold。

英语中的绿色有多个引申义。在短语 green with envy 和 green as jealousy 中,green 表示"妒忌"之意。例如:

(1) Alice's girl friends were green with envy when they saw her new dress.

爱丽丝的女友们看到她的新装时,都忌妒她。

汉语的"眼红"或"有红眼病"翻译成英语是 green-eyed,如果译成 red-eyed,那就大错特错,因为 red-eyed 是指眼睛因为发炎而充血发红。而医学上的"红眼病"在英语中是 pink-eyed。

在美国,纸币是绿色的,因此在美国常用 green 代称"钱财、钞票"或"有经济

实力的"。例如:

(2) In American political elections the candidates that win are usually the ones who have green power backing them.

在美国政治竞选中获胜的候选人通常是有财团支持的人物。

英语中的绿色还可以表示没有经验、缺乏训练、知识浅薄等意思。如 green hand 表示"新手",greenhorn 表示"没有经验的人",green as grass 表示"幼稚、无经验"。例如:

(3) The new typist is green at her job.

刚来的打字员是个生手。

(4) You cannot expect Mary to do business with such people. She is only eighteen and as green as grass.

你不能指望玛丽同这样的人做生意。她只有18岁,还毫无经验。

其他与 green 搭配的词有:in the green tree(处于佳境),keep the memory green(记忆犹新、永不忘记),in the green(血气方刚),to go green(晕船、呕吐),greenroom(演员休息室),green table(赌桌),a green old age(精力旺盛的老年人、老当益壮)。

3. 黄色

中国人习惯用黄色来形容趣味低级、腐朽没落的东西,那些内容庸俗淫秽,有严重色情倾向的文学艺术作品被称为黄色电影、黄色书刊、黄色音乐等。英语中与之对应的词是 pornographic(色情的)、filthy(淫秽的)、vulgar(庸俗的、下流的)、obscene(淫秽的、猥亵的)等,而英语的 blue 也常用来表示"下流、猥亵、淫秽"之意,例如:

blue jokes 下流玩笑

blue films 黄色电影

blue talk 下流言论

blue video 黄色录像

yellow 还有一个引申义,表示"胆小的、卑怯的"等意思。例如:

(7) He is too yellow to stand up and fight.

他太软弱而不敢起来斗争。

4. 蓝色

汉语蓝色引申义少,英语的蓝色引申义多,它常用来喻指人"情绪低沉""心情不悦""忧愁苦闷"等,如词组 in a blue mood 和 to have the blues 中的 blue 均有"忧郁""沮丧"等意思。例如:

(1)"You look blue today. What's matter with you?"—She is in holiday blue.

"你今天显得闷闷不乐,出了什么事?"——她得了"假期忧郁症"。

(2) They felt rather blue after the failure in the football match.

球赛输了,他们感到非常沮丧。

有时 blue 又有社会地位高、出身名门之意,如 blue blood(贵族血统)。

在英语中,blue 与其他词汇搭配,另有含义。例如:

out of blue 意想不到

once in a blue moon 千载难逢

drink till all's blue 一醉方休

5. 白色

白色所引起的联想在英语和汉语中是比较相近的,都喻指纯洁或清白。但英语的 white 在某些词组中与"白色"无关。例如:

white lie 无害而善意的谎言

the white coffee 牛奶咖啡

white-livered 怯懦的

white elephant 昂贵又无用之物

英语的 white 还有正直、幸运、吉利等意思。例如:

white man 善良的人、有教养的人

a white spirit 正直的精神

white hand 廉洁、诚实

one of the white days of somebody's life 某人生活中的吉日之一

同样地,汉语中有的与"白"搭配的词语也与白色无关,如白干(in vain)、白搭(on use, no good)、白送(give away free of charge)。

6. 黑色

黑色象征死亡、苦难和悲痛,因此西方人的丧服是黑色的,中国人现在吊丧悼

念死者也佩戴黑纱,如 to wear black for her father(为她父亲戴孝),black tidings 是指"噩耗"或"不幸的消息"。耶稣因是在复活节前的星期五受难,因此 The Black Friday 被认为是"凶险不祥的日子"。

黑色还象征气愤和恼怒,如 black in the face(脸色铁青)、to look black at sb.(怒目而视)。又如:

(1) I got some black looks from the shopkeeper when I cancelled my order.

当我撤销订单时,店老板对我怒目而视。

黑色也象征着庄重、威严和尊贵,如 black suit(黑色西装)、black dress(黑色礼服)。在庄重的正式场合,人们多身着黑色服装,以显示庄重和肃穆。在这一点上,英语 black 与汉语"黑"所指相同,语义吻合。

汉语中的"黑"往往与"邪恶、罪恶"同义,如"黑心"(evil mind)、"黑手"(evil backstage manipulator)、"黑幕"(inside story of a plot),这些词语中的"黑"与 black 均无关。(包惠南,2001:132-140)同样,英语的 black 也有"阴险、邪恶"之意。例如:

(2) He is a black hearted guy.

他是个黑心肠的家伙。

black sheep 害群之马

black day 凶日

black future 暗淡的前途

black words 不吉利的话

7. 紫色

中国人有"大红大紫""红得发紫"的说法,因此紫色在中文中有"好运当头"的意义;英语文化中的紫色,是国王和皇室专用的颜色,它是王权、财富、华丽、威严的象征。例如:

the purple 帝位、主教的职位

to be raised to the purple 升为主教

born in the purple 出身王室、出身显贵的

to marry into the purple 与皇室或贵族联姻

此外,在英语中 purple 有"华而不实"之意,如 purple passage(辞藻华丽的篇章)、purple patch(华而不实的章句)。

除上面提到的各种联想意义外,色彩词还与社会、经济等现象密切相关,表现出一定的社会属性。

与社会相关的有:

blue-collar workers 蓝领阶层(指普通体力劳动者)

grey-collar workers 灰领阶层(指服务行业的职员)

white-collar workers 白领阶层(指接受过专业教育的脑力劳动者)

pink-collar workers 粉领阶层(指职业妇女群体)

golden-collar personnel 金领阶层(指既有专业技能又懂管理和营销的人才)

与经济相关的有:

red ink 赤字

in the black 盈利

white goods 白色家电(指冰箱、洗衣机等外壳为白色的家电产品)

brown goods 棕色家电(指电视、录音机、音响等外壳为棕色的家电产品)

基于不同的民族对同一颜色词所产生的思维形象联想存在差异,译者在翻译时要尊重英语颜色词的习惯用法,必要时对颜色词进行转换,以利于双方语言的理解。例如:

black tea 红茶

brown sugar 红糖

grey hair (花)白头发

purple wine 红酒

brown bread 黑面包

gray prospects 暗淡的前景

the grey of the morning 黎明前的鱼肚白

色彩的联想意义、象征意义丰富繁多,寓意迭出。(姜艳敏,2015:9)译者在翻译时要了解色彩词语的文化内涵,准确表达色彩词语的引申义。

第五节　异化翻译的可接受性

译文是否被读者接受,是判断翻译是否成功的关键因素。译文被读者接受,可视为翻译成功;译文不被读者接受,是翻译的失败。本文所讨论的译文可接受性,主要是从语言层面来论述的,不涉及语言所表达的思想内容,因为内容比较复杂,涉及意识形态和价值观等。如果译语读者的意识形态和价值观与源语作者不同,那么,即使翻译没有问题,其内容也不会被读者接受。

译文的可接受性是图里(Toury)提出来的。图里用"可接受性"和"充分性"描述从翻译文学作品中观察到的两种倾向。按照图里的文学翻译观,翻译中不存在任何唯一"正确"的方法;相反,他主张对单个译者在其作品中所遵循的翻译规范进行描述。在图里的模式中,翻译被视为"两种规范之间的一种相遇,甚至是一种对抗"(Toury,1980:55),其中一种是来自源文本或源语的规范,另一种则是来自目标文本的规范。任何一篇译文都在充分性和可接受性这两极之间占有一个位置。前者(在语言和文本上)遵循源系统,后者则遵循目标系统。在这两极中,特定的译文倾向于选择哪一极取决于初始规范的价值,但几乎所有目标文本(译文)都是在两极之间妥协的结果。因此,倾向于可接受性的译文,会被认为是符合用目的语撰写、"读起来像原创"的要求,而不是符合"读起来像原文"要求的译文,因而译文也就更有"自然感"。(Toury,1980:75)就"充分性"而言,如果译者自始至终都遵循源语、而不是目的语的语言与文学规范来翻译,那么所做出的译文就是充分的译文。(Toury,1980:56)

译文的可接受性问题引起了翻译理论界的关注。正如孙艺风所说:"在翻译研究中,在观念方面已经发生了明显的转变,从传统的以源语言为着眼点转移到更加注重译文在译入语系统里的接受。虽然这不一定解释为源语文本的重要性降低,但是把译文在译入语中的接受问题作为首要的考虑内容已是不争的事实。"(孙艺风,2003:43-49)所谓译作的可接受性(translation's acceptability)指的是译作的语言符合译入语规范,能够为读者所理解和接受。它是一种面向译文读者的综合性翻译标准,既是译文在译语读者一方产生的一种直觉交际效果,又是译者主观努力的方向。从总体上看,译作的可接受性可分为译作的文化可接受性和译作的语言可接受性。这两种可接受性都难以准确把握量度。而文化和语言可接受性的"极限",或者说不可接受性的标准,是不明确的。出现这种现象的根本原因在于读者接受具有动态性。(孟建钢,2002:27-31)译文的可接受度会随时代、社会、意识形态等因素的变化而受到影响。

异化翻译由于引进了异质成分,打破了目的语的常规表达,因而其可接受性是值得探讨的。异化翻译从语言层次讲,可分为词语异化、句子异化和语篇异化。限于篇幅,本文只从词语层面谈异化翻译的可接受性。

翻译实践告诉我们,异化翻译的词语有4种:

一是源语独有而目的语空缺的词语,如汉语的"阴阳""衙门""二胡";

二是源语词语与目的语词语指称义(或字面义)相同但联想义(或文化语义)有冲突,如英语的dog和汉语的"狗";

三是源语词语与目的语词语在语义上只是部分对应,但文化语义或情感意义不对应,如汉语的"关系"和英语的relation(relationship),但英语的relation或relationship无法体现"关系"在当代中国的文化内涵,所以其异化翻译形式"guanxi"也逐渐取代"relationship"频繁出现于英美报刊上,逐渐赢得英美人士的认可。

四是源语词语与目的语词语语义完全对应,但为标新立异而采取异化手法,如英语的kill two birds with one stone 和汉语的"一石双鸟"(一箭双雕),"竭泽而渔"译为to drain a pond to catch all the fish(相当于to kill the goose that lays the golden eggs),"打草惊蛇"译为to stir up the grass and alert the snake(相当于wake a sleeping dog),"玩火自焚"译为to get burnt by the fire kindled by oneself(相当于dry in one's own grease)。直译保持源语的形象,其比喻效果同源语一样生动。但直译不是逐字逐句地死译或硬译,如把"倾国倾城"译为overthrow cities and ruin states,则直译过度了,这样的翻译只有字面意义,没有比喻意义。再如,"吃醋"一词若不是出现在专门介绍中国成语典籍的情况下,是没必要采用异化策略直译为"drink vinegar"的,因为仅从字面上来看,不谙中国文化的英语读者很难把它与"产生嫉妒情绪(多指在男女关系上)"联系起来。所以,为了交际的有效性,一般把"吃醋"意译为"be jealous"。(潘克栋、曾剑平,2009:240)

常见的异化翻译手段是音译、直译和音译/直译加注。

除第一种情况只能采用异化翻译(音译)外,其他3种情况都可采取归化翻译策略。下面从词语翻译的归化和异化对比的角度,以译文的可理解性为原则,就上述4种情况来探讨异化翻译的可接受性。

第一种情况采用异化翻译(音译)无可厚非,但是音译也会产生歧义,会引起读者误解。例如,用于称呼的"老"和"小",如果音译,就会产生歧义,如"老王"和"小王"分别译成"Lao Wang"和"Xiao Wang",译文读者会以为 Lao 和 Xiao 是姓,Wang 是名,毕竟汉语百家姓中有姓"老"的和姓"肖"(箫)的。其实,"老王"译为 Old Wang 就不会有歧义。在英语中也有 old Johnson 和 young Johnson 的说法。再如,"芳草"牌(牙膏)译为 Fang Cao,而 Fang 在英语中有"犬牙、毒牙"之意,因此,这样的音译可能引起读者(消费者)不美好的联想。所以音译要以避免产生歧义为原则。

第二种情况是采用归化翻译还是异化翻译应视情况而定。异化翻译固然可以保留源语的文化形象,但译文读者未必能理解源语的文化语义,而是按译语的文化语义去理解,这样就会产生译者意图与语义交际意图的冲突,归化翻译成为必然选择。以汉语的"狗"和英语的 dog 为例。"狗"在我国被视为卑贱、讨人厌的动物,汉语中与狗有关的词语都含有贬义,而 dog 在英国被视为人类忠实的朋友,与 dog 有关的词语都含有褒义,所以如果把汉语的"落水狗"和"丧家犬"不加解释地分别译为"a dog in the water"和"a homeless dog",则不仅不能传达汉语的贬义,反而会引起英国人的同情。再如"龙"与 dragon,"龙"在汉语中是吉祥的象征,而在英语中 dragon(龙)是神话中的一个张牙舞爪的怪物,是魔鬼的化身。显然,龙在中西方读者心目中的形象是不同的,其联想义也是不同的。前者有"高贵、庄严"等象征义,后者的文化语义是"怪物、魔鬼、凶残"等,因此,中文里的龙翻译成英语时如要保留形象,原文所包含的意义就不可能被很好地传递。所以把"望子成龙"译为 to hope that one's son will become a dragon,就有可能被译文读者误解。再举一个《红楼梦》中的例子。

(1)"那老姑子见宝玉来了,事出意外,真像天上掉下个活龙来的一般,忙上来问好,命老道来接马"。

The old nun who kept it (the temple), hardly less surprised to hear of Bao-yu's arrival than she would have been if she had been told that a dragon had just fallen alive and kicking, out of the sky, hurried out to greet him, and ordered the old temple-servant who did duty as a porter to take care of the horses. (Vol Ⅱ P358, translated by Hawkes)

宝玉出身名门望族,是天之骄子。他的忽然到来,对于老尼来说,不只是一个活龙从天而降。她喜出望外,受宠若惊——且惊且喜,是这条"龙"的到来在她心理上的反映。英语译文中虽然也表现了惊,但是这种惊奇丝毫不伴随喜;一个可怕的张牙舞爪的怪物从天而降,只能让目睹者唯恐避之不及,哪里还敢上前迎接!读到这里,西方读者也许会发问:宝玉何以这般令人惧怕?因此,为了保留形象,使原文意思不致被误解,翻译者只好加注解。(宁一中,1999:183)

在经贸翻译实践中,品牌商标的翻译如果不注意源语词语与目的语词语的不同象征意义,其后果是不堪设想的。品牌商标的翻译与目的语的民族文化发生冲突的事例不胜枚举。这种"冲突"源于同一词语在两种不同语言中的不同象征意义。由于商标词直译没有考虑译语文化的可接受性而使商品销路不畅的例子时有发生。如"白翎"牌钢笔,"白翎"译为 white feather,结果钢笔在英语国家备受冷落,无人问津。究其原因,是 white feather 这个译名不符合英美文化。英语有句成语叫 to show the white feather,意思是"临阵脱逃、软弱胆怯"。在英语国家,如要侮辱人就送他一根白色羽毛。再如,"白象"牌电池,"白象"译为 white elephant,同样不为英美人士赏识,因为在英语里,人们用 white elephant 比喻那种耗费钱财而又无实际用途的东西。(张珍珍,1998:613)因此,品牌商标作为专有名称,在意译会产生语义冲突的情况下,还是音译为好。

当然,如果只考虑源语词语与译语词语的语义冲突,一味追求译文的可理解性和可接受性,置源语词语的文化语义于不顾,在翻译时用相应的译语文化词语代替源语文化词语,甚至为避免语义冲突删掉文化词语,这种做法是不可取的。这样做不能传达源语的文化信息。语言的文化性集中体现在词语方面,替代或者省译词语必然有损原文的精神实质。比如,霍克斯翻译《红楼梦》时,意识到 red 一词可能使现代英语读者联想到"暴力、流血",所以在小说中凡是"红"字,他一概不译或换成别的字,如"悼红轩"译成 Nostalgia Studio,"怡红院"译成"快绿院(The House of Green Delights)",宝玉"爱红的毛病"干脆略去。连书名也采用小说原来曾经使用的书名《石头记》,译为 The Story of the Stone。如果说译者照原有的书名翻译巧妙地避免了有语义冲突的词 red 这种做法值得称道的话,那么在小说中一概避免"红"字的翻译就不妥了。因为《红楼梦》贯穿始终的一个重要思想是一个"情"字,它是描写女人悲惨命运的,而"红"字大都与女性有关。因此,删去"红"字自然会影响读者的感受。实际上,英语的 red 除了有"暴力、流血"的语义,还有褒义,如 red-letter 就有"喜庆"之义。可见,如有上下文的渲染,英国人未必不能像中国人一样体会"红"的某些微妙含义。(金堤,1998)由此看来,既要保持源语的文化信息,又要使译语具有可理解性并且不会使译语读者产生误解,表面上看是"鱼和熊掌不可兼得"的事,但如果采用直译加释义的方法,是可以做到两者兼得的。考虑到把"龙"直译为 dragon 会引起读者误解,所以有人建议将其译为 Chinese dragon。

第三种情况是源语词语有文化语义,而与之对应的译语词语没有,或源语词语没有文化语义,而译语词语有,或者源语词语和目的语词语指称意义相同,但情感意义不同,从而造成词义不完全对应。这种情况下需要创新语义,即赋予目的语词语新的语义。如汉语"关系"一词就有文化语义,而英语的 relation/relationship 就没有文化语义,所以音译为 guanxi。

第四种情况是源语词语与目的语词语语义完全对应。按理说,在这种情况下翻译时应该对号入座,不必颇费周折去创造新词语。毋庸置疑,创造新词语可以丰富目的语,但有时照源语直译,置译语的可理解性和可接受性于不顾,反而不能达到理想的翻译效果。如把"七嘴八舌"译为 seven mouths and eight tongues,"倾国倾城"译为 overthrow cities and ruin states,译文读者除理解字面义外,无论如何也理解不了源语词语所具有的引申义。

(2)"I know, Dad,"she said,"I'm a selfish pig. I'll think about it."(J. Galsworthy: *The White Monkey*)

"我知道,爹,"她说,"我是头自私自利的猪。我会考虑这个问题的。"

译者将 a selfish pig 译成"自私自利的猪",乍看是一种"异化"译法,但这汉语译文实在令人不可思议:文中的"她"本是英国的大家闺秀,怎么会称自己"猪"呢?问题出在哪里呢?显然,译者采取这样的译法,一定误以为 pig 只有"猪"的意思。其实,在英语中,pig 除了有"猪"的意思,还有"像猪一样的人"的引申意思,英文释义是:one thought to resemble or suggest a pig in habits or behavior(as in dirtiness, greediness, selfishness)。因此,文中的这位女士称自己是 a selfish pig,实际是说自己是 a selfish person,只是用 pig 比 person 更具自责意味罢了。从这个意义上讲,pig 就不宜译成汉语的"猪",因为在汉语里,说某人是"猪"是骂人的话。基于以上考虑,我们建议将此句改译为:"'我知道,爸,'她说,'我是个自私鬼。我会考虑这个问题的。'"用汉语的"鬼"字来传译英语的 pig,虽然换了形象,表达的却是大致对等的概念。

(3)The yeomanry are precisely the order of people with whom I feel I can have nothing to do. A degree or two lower, and a creditable appearance might interest me; I might have hope to be useful to their families in some way or other. But a farmer can need none of my help, and is therefore in one sense as much above my notice as in every other he is below it. (J. Austen: *Emma*)

自耕农正是我感到与我无关的那种人。一个地位低一二等而外貌看来还可靠的人可能引起我的兴趣；我可以希望从这个方面或者从另一个方面给他们家帮点儿忙。不过，一个庄稼汉不可能需要我的帮助，所以在这个意义上说，他<u>高于我注意的范围</u>，正如在所有其他各个意义上，他<u>低于我注意的范围</u>一样。

译者把 above my notice 和 below it 分别译作"高于我注意的范围"和"低于我注意的范围"，既让人不知所云，又违背了汉语的行文习惯，从而损害了原作的表达效果。译者做出这样的翻译，无疑是犯了"抱着'本义'打天下"的错误：notice 是"注意"，above 是"高于"，below 是"低于"，合起来就成了"高于我注意的范围""低于我注意的范围"。译者如果能根据上下文仔细查一查词典，就会发现在这段话里，notice 应是"关心""关注"的意思，above 意为"用不着""不需要"，below 意为"不值得"。照此理解，上文的最后一句话若译成"他一方面不需要我关心，另一方面又不值得我关心？"原文的意思便一目了然。（孙致礼，2004）

可见，无论是译语文化取向，还是源语文化取向，如果不考虑源语和译语的文化差异，误将文化差异当共核，都会对译语读者的文化心理产生影响。然而，翻译总是以原作的那一国语言为出发点而以译成的这一国语言为终点。从出发点到终点，这是很艰辛的历程。因此，译文总有失真和走样的地方：在意义或口吻上违背原义或不太贴合原文。

第四章　词语翻译的增减法

翻译不是简单的句栉字比的语言转换,而是思维方式和修辞手段的转换。由于源语和目的语在语法、词义、修辞、逻辑和文化等方面存在某些差异,源语的习惯表述可能被目的语视为偏离规范,翻译要"忘其形,得其意"。(许渊冲,1996：58)"对形式做出必要的变化,以目的语特有的结构形式来复制信息。"(奈达,1982)

在翻译中应该遵循的原则是语言服从思想,形式服从内容。汉英语言对比研究表明,汉语重意合,遣词造句,力求辞约义丰,削尽冗繁;英语重形合,语言组织丰满,力求言能尽意。减词和增词是翻译的两个相反的方法。有些词语是英语必须有而汉语没有的,如冠词。此外,英语中有些词在句子中无实际意义,但出于结构完整考虑又不可或缺,如 it 和 there。

一般而言,英译汉时,往往要减去汉译英增加的词语,汉译英时要增加英译汉减去的词语。以英汉词义为例,很多情况下,英汉词义有宽窄之分,并非一一对应。如果英语词汇语义范围比汉语宽,英译汉时要采用增译,使原文的隐含意思得以充分表达;反之,如果英语词汇语义范围比汉语窄,英译汉时要采用减译(如 worry lines 指因焦虑而深陷的皱纹)。如果汉语词汇语义范围比英语宽,英译汉时要采用增译,使原文的隐含意思得以充分表达;反之,如果汉语词汇语义范围比英语窄,汉译英时要采用减译(如"苗头"symptoms of a bad trend)。

具体而言,翻译中的词语增减主要基于以下三种考虑:一是语法需要;二是上下文的逻辑关系或句子衔接需要;三是语义需要。

第一节　汉译英增词法

由于汉语重意合,汉英翻译必须增补一些原文省略而译文无法省略的词语,以使结构丰满或意义明确。

1. 语法增词

语法增词就是从英汉语言的语法或句子结构角度增补源语没有而译语必须有的词。例如，汉语没有冠词，但英语除了抽象名词、专有名词和物质名词，其他名词前一般都有冠词表示特指或泛指。汉语名词译成英语时一般要加上冠词。汉语中的物主代词远不如英语中的使用广泛。英语中凡涉及人体器官及归他所有的或与他有关的事物时，总在其前加上必不可少的物主代词。例如：

(1) 她用手蒙住脸，好像是为了保护眼睛。

She covered her face with her hand as if to protect her eyes.

(2) 他耸耸肩，摇摇头，两眼看天，一句话不说。

He shrugged his shoulders, shook his head, cast up his eyes, but said nothing.

汉语是非形态语言，并不注重句法结构形式上的完整，只要在上下文中句义清楚，省去句中的主语或其他成分就是常见的，因此汉语是主题显著的语言，其所突出的是主题而不是主语。而英语中形合法现象较为普遍，为使句子在形式上保持结构完整，其绝大部分句子都不能没有主语。及物动词后面不能没有宾语，即使没有合适的主语或宾语，也常常要加上诸如 it、this、that 等来作为形式主语或宾语，以满足形式完整的需要。因此，英语是主语显著的语言，它所突出的是主语。汉语无主句或主语省略句译成英语时应根据上下文增加主语。例如：

(3) 有失才有得。

You cannot make omelets without breaking eggs.

(4) 只有播种才有收获。

One must sow before one can reap.

(5) 即使在危机时刻也要保持冷静。

We should keep calm even when we are in danger.

(6) 促进自然科学与社会科学的交叉融合，推动哲学社会科学以及管理科学的发展，继续完善国家科技创新体系。

We will encourage the integration of natural and social sciences to enhance the development of philosophy and other social sciences and management science. We will continue to improve the state scientific and technological innovation system.

汉语中的名词、形容词或词组等都可作谓语，英语中只有动词才能作谓语。如果汉语不是动词作谓语，译成英语时要增补动词。例如：

(7) 别傻里傻气。

Don't behave foolishly.

现代汉语的介词一般是由动词演变而来的,数量远不及英语中的介词。英语用介词表示词与词之间的语法关系。汉语中的时间状语、地点状语和方式状语等译成英语时都要增补介词。例如:

(8)星期天上街去了。

We went to the street on Sunday.

汉语很少用连词,句子结构常按时间顺序和逻辑关系排列。英语中词与词、短语与短语和句子与句子之间通常用连词连接。例如:

(9)我帮助他,他帮助我。

I help him and he helps me.

2. 逻辑增词

逻辑增词是从逻辑的角度增加词语,以使译语语义逻辑关系明晰化。汉语从四字格词语到句子,其内部逻辑关系是隐含的,翻译成英语时,要增加表逻辑关系的连词。例如:

(1)酒醉智昏。

When wine is in, wit is out.

(2)物极必反。

Once a certain limit is reached, a change in the opposite direction is inevitable.

(3)不进则退。

He who does not advance falls backward. /Move forward, or you'll fall behind.

(4)留得青山在,不怕没柴烧。

As long as the green mountains are here, one should not worry about firewood.

(5)你不去,我也不去。

I won't go if you are not going.

例句(5)的中文,因为没有连词,主句与从句之间可以做多种逻辑关系的理解,如:

因为你不去,我也不去。

如果你不去,我也不去。

3. 语义增词

汉语表达力求简洁,能省则省,甚至会出现表面上不符合逻辑的话语。比如,在早点摊铺,老板会说"包子往里走",完整的话语应该是"想吃包子的人往里走"。又如,"我姐是男孩,我弟是女孩",这是有人问到生男生女的情况,意为"我姐生的是男孩,我弟的小孩是女孩"。这些省略的结构或隐含的意思翻译英语时都要表达出来。例如:

(1)报考大学的人,有工作经验的优先录取。

University applicants who had worked at a job would receive preference over <u>those who had not</u>.

(2)科技事业要提倡顾全大局。

<u>The spirit</u> of taking the whole situation into consideration is advocated in the cause of science and technology.

(3)坚持社会主义市场经济改革方向,核心问题是处理好<u>政府和市场的关系</u>,使市场在资源配置中起决定性作用和更好发挥政府作用。

The key to establishing a sound socialist market economy lies in striking a proper balance between <u>the role of the government and that of the market</u>, so that the market can play a decisive role in allocating resources and the government can play its own role more effectively.

汉语"政府和市场的关系"实际上是指"政府作用和市场作用的关系",因为该句交代了"使市场在资源配置中起决定性作用和更好发挥政府作用",所以翻译时要把"作用"两个字体现出来。

(4)要加强生态文明宣传教育,增强全民节约意识、环保意识、生态意识,营造爱护生态环境的良好风气。

We will increase publicity and education on <u>the need</u> to promote ecological progress, raise public awareness of <u>the need</u> to conserve resources and protect the environment, and foster a social atmosphere of cherishing our environment.

(5)如果很多有大大小小权力的人都在<u>吃拿卡要</u>,为个人利益人为制造障碍,或者搞利益输送、暗箱操作,怎么会对经济发展有利呢?

Is it not inevitable that the economy should suffer if people in positions of authority <u>ask for bribes</u>, seek personal gain by deliberately erecting obstacles, or engage in <u>embezzle of public funds</u> and under-the-counter dealings?

汉语的"吃拿卡要"是指党员干部在服务群众的过程中,利用职务便利向群众索取好处的形象体现。所谓"吃",主要是接受被服务群众的宴请;所谓"拿",一般是凭借管理权,不管群众愿意与否,强拿硬占群众的物品;所谓"要",通常是主动地采取提要求、暗示等方式向群众要钱要物;而"卡",则是有意刁难群众,给来办事的群众制造障碍。

汉语中具有文化色彩的人名、地名或专有名称译成英语时,后面应加上一些说明性的文字,便于外国读者理解。例如:

(6)三个臭皮匠,合成一个诸葛亮。

Three cobblers with their wits combined would equal Chukeh Liang <u>the master mind</u>.

(7)班门弄斧。

Show off one's proficiency with the exe before Lu Ban the master carpenter.

(8)济公劫富济贫。

Jigong, Robin Hood in China, robbed the rich and helped the poor.

(9)百花齐放。

Let a hundred flowers bloom, permit the airing of conflicting views.

在缩略语后要解释缩略语的具体含义,如:

(10)改革开放伊始,党中央就强调,实现<u>四个现代化</u>是一场深刻的伟大的革命。

At the very beginning of reform and opening up in 1978, the Party Central Committee stressed that achieving the Four Modernizations—<u>modernization of agriculture, industry, national defense, and science and technology</u>—is a great and profound revolution.

第二节　汉译英减词法

减词和增词一样,也是出于语法和语义考虑。省译的目的就是保证译文简洁明快、严谨精练。

1. 结构减词

结构减词是从英汉语言的语言结构考虑的，主要是通过提取公因式的手段来减词。

(1) <u>共同</u>建设，<u>共同</u>享有，<u>共同</u>发展，成为国家、社会和自己命运的主人。

And ensure that the people <u>jointly</u> participate in national development, share the benefits of progress, accomplish the common cause, and become the masters of the country, of society and of themselves.

(2) 我们要根据宪法确立的体制和原则，<u>正确处理</u>中央和地方关系，<u>正确处理</u>民族关系，<u>正确处理</u>各方面利益关系，调动一切积极因素，巩固和发展民主团结、生动活泼、安定和谐的政治局面。

Abiding by the systems and principles established by the Constitution, we should <u>correctly handle</u> the relationship between the central and local governments, between all ethnic groups and between the interests of all parties, and mobilize all positive efforts to consolidate the political situation and make it more democratic, unified, stable and harmonious.

(3) 实践发展<u>永无止境</u>，认识真理无止境，理论创新无止境。

There is <u>no end</u> to practice, to seeking truth, and to theoretical innovation.

(4) 在激烈的国际竞争中，<u>唯创新者</u>进，<u>唯创新者</u>强，<u>唯创新者</u>胜。

Against the backdrop of international competition, <u>only those who innovate</u> can make progress, grow stronger and prevail.

(5) 反恐怖斗争<u>事关</u>国家安全，<u>事关</u>人民群众切身利益，<u>事关</u>改革发展稳定全局，是一场维护祖国统一、社会安定、人民幸福的斗争，必须采取坚决果断措施，保持严打高压态势，坚决把暴力恐怖分子嚣张气焰打下去。

Countering terrorism <u>has a direct bearing</u> on national security, the people's immediate interests, and reform, development and stability. The battle against terrorism safeguards national unity, social stability and the people's well-being. We must take decisive measures in deterring terrorism and keep up the pressure to thwart terrorism.

(6) 家长要时时处处给孩子做榜样，用<u>正确</u>行动、<u>正确</u>思想、<u>正确</u>方法教育引导孩子。

Parents should always set a good example for their children, and guide them with <u>correct</u> actions, ideas and methods.

(7)我们将坚持以人为本,全面推进经济建设、政治建设、文化建设、社会建设、生态文明建设,促进现代化建设各个方面、各个环节相协调,建设美丽中国。

We will put the people's interests first, strive for all-round progress in the economic, political, cultural, social and ecological fields, coordinate all aspects of our modernization drive, and make China a beautiful country.

上述例句中,画线部分的词语只译其一。

2. 语义减词

2.1 省译表范畴的词语

汉语中有些词如"任务""工作""情况",通常有具体的意义,自然应当照译,但是它们用来表明范畴时,则失去了具体含义,可省译。下面四字词组中,后两个词都是范畴词,可省略。(曾剑平、雷敏,2001:77)

说服工作——persuasion　　落后状态——backwardness
准备工作——preparation　　紧张局势——tension
自满情绪——arrogance　　　疯狂行为——madness
敌对行为——antagonism　　紧张关系——tension

(1)系里的领导来找他做说服工作。

The leader of the department came to him to undertake the persuasion.

(2)既重视发展问题,又重视安全问题。

We should pay close attention to both development and security.

2.2 省译同义词句

同义词的重复在汉语中十分普遍,尤其是四字对偶词组,如残酷无情、铜墙铁壁。汉语语言表达中同义反复、叠床架屋的现象按西方思维,是英文表达的大忌。因此,汉语译成英语时,往往省译同义词,如贪官污吏 corrupt officials,土崩瓦解 fall apart,筋疲力尽 exhaustion,街谈巷议 gossip,医德医风 medical ethics,取之不尽、用之不竭 the inexhaustible source。

(1)中非合作基础更加坚实、合作意愿更加强烈、合作机制更加完善,推进中非合作是双方人民共同心愿,是大势所趋、人心所向。

The foundation of China-Africa cooperation is more solid, and our cooperation mechanisms have been further improved. Advancing China-Africa cooperation represents the trend of the times and the will of our peoples.

(2)大家要把他们立为心中的标杆,向他们看齐,像他们那样追求美好的思想品德。

You should take them as examples in pursuing virtues.

(3)解决"四风"问题,要从实际出发,抓住主要矛盾,什么问题突出就着重解决什么问题,什么问题紧迫就抓紧解决什么问题,找准靶子,有的放矢,务求实效。

To put an end to the "four forms of decadence," we must start from reality, identify the main pressing problems, and concentrate on those problems which are most severe or most pressing. We must be precise in identifying our targets, and achieve effective results.

2.3 省译没有实际意义的词语

汉语修辞语在程度上往往强于英语,"大词"的使用频率偏高。汉语表达习惯于在形容词和动词前加上副词修辞,只是起强调作用,或便于阅读时朗朗上口,实际上,加了副词与不加副词在意义上并没有多大区别。如"重要"和"十分重要"相比,在语义上并没逊色多少。同样地,在"真抓实干""切实加强""认真执行""彻底粉碎"等"副词+动词"的短语结构中,副词都没有实际意义。例如:

(1)所有这些,都是为了不断实现好、维护好和发展好最广大人民的利益,始终保持党同人民群众的血肉联系。

All this is aimed at continuously accomplishing, safeguarding and developing the fundamental interests of the overwhelming majority of the people through always maintaining the Party's blood-and-flesh contacts with the people.

(2)我们要大力发扬求真务实、勇于创新的精神。

We must carry forward and promote the spirit of practicality, truth-seeking and courage in innovation.

2.4 省译缩略语

如果缩略语和其所表达的词语共现,翻译时省去缩略语。例如:

(1)第二,深刻领会中国特色社会主义是由道路、理论体系、制度三位一体构成的。

Second, we must thoroughly understand that socialism with Chinese characteristics consists of a path, theory and system.

（2）科技成果只有同国家需要、人民要求、市场需求相结合，完成从科学研究、实验开发、推广应用的<u>三级跳</u>，才能真正实现创新价值、实现创新驱动发展。

Scientific and technological achievements can generate real value and pay off only if they meet the needs of the country, the people and the market, and only after they have gone through the stages of research, development and application.

（3）各类社会中介组织要逐步与政府部门脱钩，自觉按照公平、公开、公正的"<u>三公</u>"原则履行法定职能。

Intermediary institutions affiliated to government departments should gradually cut their ties with their departments and perform their functions as prescribed by law following a principle of fairness, transparency and justice.

（4）取缔无资金、无场地、无设备的"<u>三无</u>"企业和无照经营活动。

We will outlaw enterprises with no capital, premises and facilities and businesses operating with no licence.

2.5　省译文化词语

文化词语是表达一个民族特有文化现象的词语，在翻译中表现为词语空缺。如果文化词语需要一大段文字加以说明才能让国外读者明白，而将其省略又不影响意义表达，还不如省译。例如：

（1）问："今年几岁了？"答："<u>属猴的</u>，12岁了。"

"How old are you?" "I'm twelve now."

属相是中国特有的文化现象，将其省译不影响意义表达。

（2）因为他长得伶俐可爱，大人们都爱跟他玩。<u>这个说："二黑，算一算10岁属什么？"那个说："二黑，给我卜一课！"</u>

As he was such a lovely child, all grown-ups enjoyed joking with him.

（3）他说："了不得呀了不得！<u>丑土的父母动出午火的官鬼，火旺于夏</u>，恐怕有些危险了。唉！人家把他选成青年队长，我就说过不叫他当。"

Everything now is fraught with danger! When Erhei was elected captain of the Youth Vanguard, I told him not to accept the post.

第五章　词语的正反翻译

正面意义反面表述,或负面意义正面表述,是常见的语言修辞手段。同样一个词语,放在不同的语境中,或用不同的语气说,褒义会转化为贬义,或贬义转化为褒义。"你真行!"如果用称赞的口吻说,具有正面意义;如果是以一种挖苦讽刺的口吻说,具有负面意义。词语的正面意义反面表述,或负面意义正面表述,丰富了语言的表达方式。翻译时要根据语境进行正反互译,正确传达源语信息。

第一节　词语的否定翻译

英汉两种语言在表达否定概念时,使用的词汇手段、语法手段甚至语言逻辑都有很大差别。就英语而言,某些肯定句由于有修辞方面的特点,通过句中某一词汇或短语能把肯定的形式转化为否定的实质,形成特殊否定句。如果只从句子的形式去理解,就不可能把握其真正含义,从而导致似是而非的错误。翻译这类句子时,要注意直译与意译、达与不达、雅与俗、委婉与讽刺等问题,以便达到原文的修辞效果。

有些词语表面上看起来是肯定形式,但在一定的上下文中含有否定的意义,直接翻译成否定句更能达意。

1. 介词

(1) He is <u>above</u> doing such things.
他不会做这样的事。

(2) To be vain of one's rank or place is to show that one is <u>below</u> it.
凡因自己的地位而觉得了不起的人,就表明他<u>不配</u>有这样的地位。

(3) It was <u>beyond</u> his power to sign such a contract.
他<u>无权</u>签订这种合同。

(4) It is <u>out of the question</u> for anyone to build a castle in the air.

任何人想建立空中楼阁都是不可能的。

（5）His accusations are beneath contempt.

他的指控不值一提。

（6）This book is beyond me.

这本书我看不懂。

（7）What I am saying is off the record.

我说的话请不要记录。

（8）Out of sight, out of mind.

眼不见，心不想。

（9）I am below him in working ability.

我工作能力不如他。

（10）Put the bottle of medicine out of the children's reach.

把药放在孩子们拿不到的地方。

（11）I'll go fishing instead of having lessons.

我要去钓鱼而不是去上课。

（12）His book is beneath criticism.

他的书不值一评。

2. 副词

（1）The world will be long forgetting their evil deeds.

世人不会很快就忘掉他们的罪行。

（2）You evidently think otherwise.

你显然有不同的想法。

（3）He teaches ill who teaches all.

滥教者，教不好。

（4）He stood still, trying vainly to answer my question.

他木然呆立，回答不出我的问题。

（5）She had been too stunned to utter a sound.

她吓呆了，叫不出声来。

（6）He is too simple minded to do such delicate work.

他的头脑太简单了，不能做这样细致的工作。

(7) It has concentrated minds wondrously on an already lively domestic debate over what constitutes a due balance between individual and majority rights.

个人权益和大多数人的权利如何平衡,这是美国国内一直激烈争论的问题。现在,它又一次不可思议地使人们关注起这个问题。

(8) He reminded me of what I should otherwise have forgotten.

他提醒了我,要不然我就会把事忘了。

3. 动词

(1) We arrived late at the theater, and missed the first act of the play.

我们到剧场太晚,第一幕剧没看上。

(2) We will live up to what our Party expects of us.

我们决不辜负党对我们的期望。

(3) If they think that that clinches the argument against deregulation of the economy, they miss a crucial point.

如果他们认为那样做就能证明反对撤销经济调节之说言之有理,那么他们就没有抓住问题的要害。

(4) The scientist rejects authority as an ultimate basis for truth.

科学家不承认权威是真理的最后依据。

(5) I failed in persuading him.

我没能说服他。

(6) If friction neglected, the output will be equal to the input.

如果不计摩擦,输出将和输入相等。

(7) If he had kept his temper, the negotiation would probably have been a success.

假如他不发脾气,谈判很可能已经成功了。

(8) The rain washed away the tracks, which prevented all the trains from running.

大雨冲走了铁轨,因而火车无法行驶。

(9) Stop/Freeze/Halt.

不许动。

(10) Please withhold the handout for the time being.

请暂时<u>不要</u>发<u>这些</u>材料。

(11) Why did you <u>absent</u> yourself from school yesterday?

你昨天为什么<u>不</u>上学?

(12) I <u>object to</u> the proposal.

我<u>不</u>赞成这个提议。

(13) He persisted in <u>denying</u> his knowledge of it.

他<u>坚决</u>说他<u>不</u>知道这件事。

4. 名词

(1) <u>Ignorance</u> of the law is no excuse.

<u>不懂</u>法律不能作为免罪的口实。

(2) I hate the <u>lack</u> of privacy in the dormitory.

我嫌在宿舍里<u>没有</u>独处的机会。

(3) A dose of poison can do its work only once, but a bad book can go on poisoning people's minds for <u>any length of time</u>.

一剂毒药只能害人一次,但一本书却能<u>无限期</u>毒害人的思想。

(4) The three things I have just mentioned—<u>neglect</u> of studying the present situation, <u>neglect</u> of studying history and <u>neglect</u> of applying Marxism-Leninism—all points to an extreme bad style in work.

上面我说了三个方面的情形——<u>不注重</u>研究现状、<u>不注重</u>研究历史、<u>不注重</u>马克思列宁主义的应用,这些都是极坏的作风。

(5) She complained about the <u>omission</u> of her name from the list.

她抱怨名单上<u>没有</u>她的名字。

(6) We are in complete <u>ignorance</u> of his plan.

我们全然<u>不知</u>他的计划。

(7) His <u>failure</u> to carry out his promise has disappointed every one of us.

他<u>未能</u>履行诺言,我们大家都很失望。

(8) He concentrated all his attention on one or two problems, to the <u>exclusion</u> of others.

他把所有的注意力集中在一两个问题上,而<u>不顾</u>其他的问题。

(9) The officials, speaking on condition of <u>anonymity</u>, say that the talk ended

with agreement to move on the bilateral negotiations but with no accord on sites.

一些<u>不愿透露姓名</u>的官员说，会谈结束时双方同意继续举行双边谈判，但对谈判地点尚未取得一致意见。

（10）The whiff of scandal, and particularly the <u>cash-for-question</u> imbroglio, reminds the electorate that power concentrated in the hands of a single party for too long tends to corrupt.

尽管丑闻不大，而且<u>这些</u><u>来路不明的款项</u>内情复杂，至今尚无定论，却也足以提醒选民：权力集中在一个政党手中过长就会产生腐败。

（11）In modern society, <u>lack</u> of skill means <u>lack</u> of food.

在现代社会，没有技能意味着没有食物。

（12）In the absence of the manager, Mr. Smith is in charge of the business.

在经理不在期间，史密斯先生管理业务。

（13）The modern tendency is to eliminate punctuation wherever its use is not distinctly necessary but you should realize that open or light punctuation may result in some <u>loss</u> of control over meaning.

现在有一种倾向，凡是在不很明显需要有标点的地方就不使用标点；但人们应当了解缺少标点或标点使用过少，可能会使文章出现一些意思表达<u>不够清楚</u>的情况。

（14）A few showed <u>reluctance</u>.

少数人表示<u>不同意</u>。

5. 形容词

（1）Keep <u>quiet</u> in the reading room, please.

阅览室内<u>不得高声喧哗</u>。

（2）Study to the mind is as <u>necessary</u> as food to the body.

学习对于头脑，如同食物对于身体一样<u>不可缺少</u>。

（3）He sat pensive and <u>silent</u>.

他陷入了沉思，坐在一边不再发言。

（4）He is very <u>scrupulous</u> about every detail in what he says or does.

他在言行中<u>一丝不苟</u>。

（5）<u>Short</u> of tools, we made our own.

没有工具,我们自己造。

(6) He was absent from his country last year.

去年他不在自己的国家。

(7) He is the last person to say such things.

他决不会说这样的话。

(8) All music is alike to Tom.

汤姆毫无音乐欣赏能力。

(9) Recalcitrant backbenchers hamstrung the prime minister's attempt to railroad the bill through the Commons.

不屈不挠的后座议员们挫败了首相操纵下议院匆忙通过这项法案的企图。

(10) That is a marginal agreement.

那只是一个无关宏旨的协议。

(11) He is the last man to do it.

他决不会干那件事。

(12) He is the last man to accept a bribe.

他绝不是受贿赂的人。

(13) He should be the last man to blame.

怎么也不该怪他。

(14) Rest is the farthest thing from his mind.

他根本没有想到休息。

(15) It is a book devoid of content.

它是一本毫无内容的书。

(16) When the empty bottles ran short, there were labels to be pasted on full ones.

没有空瓶子时,就向装满酒的瓶子上贴标签。

6. 连词

(1) A gentleman is, rather than does.

绅士是天生的,而不是人为的。

(2) The underground worker had rather die than give up.

那地下工作者宁死不屈。

(3) She was more frightened than hurt.

他没有受伤,倒是受惊不小。

(4) Such insult was more than they could put up with.

这般侮辱他们实在难以忍受。

这种说法比"They could not put up with such insult."更委婉。

(5) Better to do well than to say well.

与其说得好,不如做得好。

"better...than"这个结构是"it is better to...than to"简化而来,因此可以看作是"more...than"结构的一种特殊形式。

(6) As if I cared. (= I don't care.)

我无所谓。

(7) As if he would ever go. (= He will never go.)

他绝不会去。

(8) She became a mother before she had attained her fifteen years.

她不到15岁就做了母亲。

第二节 词语的肯定翻译

有些词语表面上看起来是否定形式,但在一定的上下文中含有肯定的意义,直接翻译成肯定句更能达意。与否定翻译一样,肯定翻译同样可用于对源语中名词、动词、形容词、副词和介词等词语的反译。

1. 动词

由否定前缀构成的动词在译文中正面表达。例如:

(1) She unlocked the door and turned the handle to open it.

她打开门锁,旋动把手将门打开。

(2) We strongly disapprove of the company's new policy.

我们强烈反对公司的新政策。

(3) "Don't unstring your shoes, Rooby." she said.

她说:"把鞋带系上,罗比。"

(4) The doubt was still unsolved after his repeated explanation.

虽经他一再解释,疑团仍然存在。

(5) I rode around with him one day seeing how the ships unloaded.

一天我和他乘车转了转,看看船如何卸货。

(6) Secrets, silent, stony sit in the dark palaces of both our hearts: secrets weary of their tyranny: tyrants, willing to be dethroned.

我们两人心灵深处的黑殿里,都盘踞着沉默不语、纹丝不动的秘密,这些秘密已经倦于自己的专横统治,是情愿被人赶下去的暴君。

2. 名词

由否定前缀构成的名词在译文中正面表达。例如:

(1) The house was in a state of disorder because of the young children.

由于有小孩,家里乱七八糟。

(2) He was awaiting the outcome with impatience.

他焦急等待着结果。

(3) It was said that someone has sown discord among them.

据说有人在他们中间挑拨离间。

(4) He manifested a strong dislike for his father's business.

他对父亲的行业表示强烈的厌恶情绪。

(5) Generally she accepted the family life in all its crowded inadequacy.

在通常情况下,她还是能够忍受她那拥挤寒碜的家庭生活的。

(6) He was thrown into unemployment when the factory closed, and now he is living on unemployment compensation.

工厂关闭后他就失业了,现在他靠失业救济金度日。

3. 形容词

(1) He failed his examination because his work was careless and full of mistakes.

他考试不及格,因为他的工作粗枝大叶,错误百出。

(2) He was an indecisive sort of person and always capricious.

他这个人优柔寡断,而且总是反复无常。

(3) All the articles are untouchable in the museum.

博物馆内一切展品禁止触摸。

(4) The whole opium pipe was no longer than eighteen inches.

整个烟枪的长度仅有18英寸。

(5) Says a Pentagon officer with undisguised delight: "I think it's great. It tickles me to death."

五角大楼有个军官喜形于色地说道："此事真妙,都快把我乐死了。"

4. 副词

(1) I suppose I was indirectly responsible for the whole thing.

我想我对整个事情负有间接责任。

(2) She shook her head hopelessly.

她绝望地摇了摇头。

(3) Not the least interesting feature of this Supplement is the illustrations.

这期增刊最有趣的特色是它有图解。

(4) He carelessly glanced through the note and got away.

他马马虎虎地看了看那张便条就走了。

(5) Suddenly he declared a dim yellow light moving noiselessly towards him from the far end of a long lane.

突然,他看见有一盏昏黄的灯正从巷道的深处静静地向他移动过来。

(6) Only recently Canadian researchers, probing the pickled brain, found that he had an unusually large inferior parietal lobe.

最近,几位加拿大学者对泡在盐水中的爱因斯坦大脑研究了一番,他们发现这位科学家有一个大得出奇的下顶叶。

(7) "I don't know if I ought to have come," she said breathlessly.

"我不知道我该不该来。"她气喘吁吁地说。

5. 介词

(1) He returned home with no hope on his face.

他满脸灰心绝望地回到了家。

(2) The train coming from Moscow will arrive in no time.

来自莫斯科的列车将很快到达。

(3) Students, with no exception, are to hand in their papers this afternoon.

今天下午学生统统要交书面作业。

(4) Mr. Rumsfield said the Soviet Union was unprecedentedly engaged in a missile-building program.

拉姆斯菲尔德说,苏联正以空前的规模推行制造导弹计划。

6. 各种特定的词语搭配

6.1　can＋not/never/＋too/over...（……总不嫌过分；越……越好）

(1) You cannot be too careful when you drive a car.

开车时越小心越好。

(2) No man can have too much knowledge and practice.

知识和实践越多越好。

(3) The importance of curbing inflation can not be overemphasized.

应特别强调遏制通货膨胀的重要性。

6.2　no/not/nothing＋more/less＋than

(1) There were no less than sixty wounded.

受伤人数多达60人。

(2) That's nothing less than a miracle.

那完全是奇迹。

(3) No more than five persons came to the party.

只有5个人来参加晚会。

(4) It is no more than a beginning.

这仅仅是个开端。

(5) It was no other than my mother.

这正是我母亲。

(6) What he did was nothing else than a practical joke.

他干的事简直是恶作剧。

(7) Nothing agrees with me more than oysters.

我最喜欢吃牡蛎。

6.3　no/not/never/nothing... + but/except/until

(1) He is nothing but a cheat.

他就是个骗子。

(2) Don't worry for my illness; What I need is nothing but a few rest.

不要为我的病担心,我只要稍微休息几天就会好的。

(3) He did not come until late in the evening.

他直到晚上很晚才回来。

(4) She knew nothing about his journey except that he was likely to be away for three months.

关于他的旅行,她只知道他大概要离开3个月。

从上面的例句我们可以看到,说法虽然变了,但意思还是原来的。之所以要变换说法,是因为照原样译,译文会显得别扭,与其他词语搭配不起来。当然,英语中还有不少词,翻译时似乎从正面表达和反面表达都行得通,译者应根据上下文选用一种确切表达原文思想内容的说法。

第六章 常用词语的用法与翻译

第一节 and 的用法与翻译

and 是英语中一个极普通的连词,逻辑含义丰富,在英文中用途广泛,使用频率极高,一般用来连接并列的词、短语或分句,有时甚至连接段落。它作连词时,基本词义是"和""同""以及""并且"等。然而 and 一词并非只有并列连词的特征,它还具有丰富的含义及特殊的表达方式,必须根据语境来判断。(党明全,1995:317)

1. and 作并列连词,译为"和""同""并且""又"等。例如:

(1) He can speak and write English.

他英语能说会写。

(2) Promote physical culture and build up the people's health.

发展体育运动,增强人民体质。

(3) Peter and Tom visited their uncle.

彼得和汤姆看望了他们的叔叔。

(4) They drank and smoked on the way home.

在回家路上他们又喝酒又抽烟。

2. 名词 + and + 名词,表述一个概念时,and 具有"附带""兼"等意义。例如:

(1) Bread and butter is a good kind of food.

牛油面包是一种美味食品。(bread and butter = bread with butter)

(2) Whose is this watch and chain?

这只系有链条的表是谁的?

(3) I like coffee and milk.

我喜欢牛奶咖啡。

3. 形容词 + and + 形容词，前面的形容词为 **good**、**nice**、**fine**、**lovely** 等，用于加强后面的形容词，相当于程度副词 **very**、**nicely**、**thoroughly**、**quite** 等，可译为"非常""完全""十分"等。例如：

(1) The coffee is nice and hot.

这杯咖啡挺热的。(nice and = thoroughly)

(2) This room is good and warm.

这房间非常暖和。

(3) I was good and tired.

我曾经很累。

(4) He was rare and hungry.

他饥肠辘辘。

(5) I love autumn because it's nice and cool.

我喜爱秋天，因为它很凉爽。

4. 名词复数 + and + 同一名词复数，强调连续或众多的含义，可译为"各种各样""连续"或"重复"等。例如：

(1) There are books and books.

有各种各样的书。

(2) You can find doctors and doctors.

你能找到各种各样的大夫。

(3) Yesterday he read hours and hours.

昨天他连续读了几个小时。

5. and 连接两个动词，表示目的。例如：

(1) Come and have a drink.

来喝点酒吧。(and = in order to)

(2) I'll go and fetch some water.

我去取水。

6. and 引出同位语，译为"即"。例如：

(1) Please read the fifth and last paragraph of the text.

请读课文第 5 段即最后一段。(and = that is)

(2) The third and last problem is how to control the rocket.

第 3 个也就是最后一个问题就是如何控制火箭。

7. and 表示选择关系,译为"或"。例如:

The virus may survive weeks and months.

这种病毒可存活数月或数周。(and = or)

8. and + 同一动词,表示"连续"或"重复"。例如:

(1) They talked and talked.

他们谈了又谈。

(2) What we want, first and foremost, is to learn, to learn and to learn.

我们首先需要的是学习、学习,再学习。

9. and + 比较级,表示"越来越"。例如:

(1) The snow came down faster and faster and lay on the earth thicker and thicker.

当时雪越下越紧,地上越积越厚。

(2) In spring the day is getting longer and longer and the night shorter and shorter.

春季白天越来越长,夜晚越来越短。

(3) She looked at me and cried harder and harder.

她看着我,哭得越来越厉害。

10. and + 同一副词,表示强调或延续,可译为"又"。例如:

(1) They have checked the conclusion again and again.

他们一而再再而三地检查了这个结论。

(2) He talked on and on.

他谈了又谈。

11. 在祈使句后,常用 and 连接一个简单句,表示条件与结果的关系。它们在语法上是并列关系,但在意义上是主从关系,也可译为"如果……就……"。如:

(1) Work hard and you will live happily. (相当于 If you work hard, you will live

happily.)

如果你努力工作,你就会活得愉快。

(2) Come early and you will see him. (相当于 If you come early, you will see him.)

如果你早来的话,你就会见到他。

(3) Publish and be damn. (相当于 If you publish it, you will have to suffer a lot.)

咎由自取。

12. 表示承接关系:and 用在句首,起承上启下的作用,可译为"因此""那么""于是"等,也可不译。如:

(1) And what's this?

那么这是什么呢?

(2) And the air today is nice and clean.

今天的空气真清新。

13. 表示动作上的伴随关系:and 连接两个动词,动作同时发生,前一个动词表示姿势或状态,后一个动词表示伴随动作,and 相当于 while,可译为"边……边……"。如:

(1) They talked and laughed happily.

他们愉快地边谈边笑。

(2) The baby watched and listened.

这个婴儿边看边听。

14. 表示因果关系:and 连接两个动词或两个分句,带有因果关系,此时 and 相当于 so,可译为"便""于是""因而""结果"等。如:

(1) She couldn't find her mother and began to cry.

她找不到妈妈,于是哭了起来。

(2) It's a fine day today, and everyone is busy.

今天是个好天气,因而人人都很忙。

15. 表示意义的增补：**and** 连接两个分句,第二个分句是第一个分句的补充或进一步说明,可译为"又""同时"等。如：

(1) If you want to be thinner and healthier, you have to eat less food—and you also have to take more exercise.

如果你想既苗条又健康,你就得少吃食物——同时,你还得多进行运动。

(2) Don't be late—Oh, and put on your old clothes.

别迟到——噢,还要穿上你的旧衣服。

16. 表示递进与转折：**and** 表示转折时,相当于 **but**,但语气较弱,可译为"而且""可是""不过"或不译。如：

(1) I mean you eat too much, and you don't take enough exercise.

我的意思是你吃得太多,而且运动得不够。

(2) They call me Lily sometimes, and I don't always tell them that they've made a mistake.

他们有时叫我莉莉,但我并不总是告诉他们说他们弄错了。

17. 固定搭配,即连接相同词性的词语,构成固定搭配。如：

(1) 名 + 名

bread and water 粗粝之食

acupuncture and moxibustion 针灸

the rough(s) and smooth(s) 人间苦乐

rock and roll 摇滚乐

peck and perch 吃住(俚)

(2) 动 + 动

curse and swear 咒骂

divide and rule 分而治之

appear and disappear 出没

bow and scrape 巴结奉承

give and take 公平交易

wash and wear 免烫

(3) 粘连名 + 名、形 + 形、副 + 副等作副词性并联词组

hot and heavy 激烈地

by and large 通常地

first and last 一直

far and near 到处

fair and square 方正、诚实

here and now 现在、马上

right and left 四面八方

down and out 穷困潦倒

(4)粘连名+名、形+形、副+副等作形容词性并联词组

rough and tough 强壮的

sick and tired 不耐烦的

safe and sound 安然无恙

high and dry 孤立无援

free and easy 无拘束的

hit-and-miss 碰巧的

hale and hearty 健壮的

hard-and-fast 严格的(范嘉碧,1996:133-136)

第二节　of 的用法及翻译

在英语所有介词中,of 的用法略为复杂,意义也多样。其用法主要有:

1. 表所有或所属关系,如:

the trunk of an elephant 大象的鼻子

The windows of the house 房子的窗户

Africa's future = the future of Africa 非洲的未来

the secret of success 成功的秘密

a photo of my girlfriend 我女朋友的照片(照片上的人是我的女朋友)

a photo of my girlfriend's 我女朋友收藏的一张照片

2. 表数量、分量、种类等,如:

a glass of milk 一杯牛奶

a piece of paper 一张纸

a box of books 一箱书

3. 表材料、成分:由……组成(或构成),如:

a dress of silk 一件丝绸连衣裙

4. 表同位关系,如:

the city of Beijing 北京市

5. 表动宾关系,如:

(1) Loss of health is worse than loss of wealth. 失去健康比失去财富更糟。

(2) I hate the sight of him. 我讨厌看到他。

(3) His criticism of her is serious. 他对她的批评是严肃的。

6. 表主谓关系,如:

the arrival of the next train 火车的到来

the arrival of the prime minister 首相的到来

有的名词所有格会产生歧义,如 the government of the people 可指 the people govern("民治"),表主谓关系;也可指 govern the people("管理人民"),表动宾关系,具体所指视上下文而定。从政治角度看,the government of the people 应该是主谓关系,意为"民治"。

7. 表性质或特征,用于比喻。在这例中,A of B 结构表示暗喻,与一般的所有格形式所表达的意义不同。如:

Birds of a feather flock together. 物以类聚。

a phantom of a king 有名无实的国王

a devil of a hole 处境很困难

a fool of a mistake 一个愚蠢的错误

an angel of a woman 一个天使般的女人

a rain of bullets 枪林弹雨

a shower of hail 一阵阵喝彩声

a sea of blood 血流成河

a thunder of applauses 雷鸣般的掌声

8. 表示比较范围,意为"在……当中"。如:

(1) Of all the choices, this is the best. 在所有选择中,这种最好。

(2) Of the two coats, the black one is the better. 在这两件外套中,这件黑色的更好些。

9. 表来源,例如:

the laws of Newton 牛顿定律

10. 与 careless、clever、cruel、foolish、friendly、generous、good、impolite、kind、nice、polite、right、rude、selfish、silly、stupid、wise、wrong 等表示人的品行和特点的形容词连用,用于 It's + *adj.* + of sb. + to(not to) do sth. 句型。如:

(1) It was kind of him to wait. 多亏他好心等候。

(2) It was silly of you to believe him. 你相信他是愚蠢的。

(3) It was foolish of me to forget. 我真蠢,竟然忘记了。

(4) It's unfair of him to criticize me. 他批评我是不公平的。

(5) It was generous of him to pay us. 他付了我们钱,真慷慨。

(6) It was selfish of him not to contribute anything. 他很自私,什么也不捐。

(7) It was careless of you to leave your camera in the taxi. 你把照相机留在计程车里实在太不小心了。

11. 与某些名词(如 help、value、interest、importance)连用,相当于形容词,可用作定语或表语。如:

(1) It's not of much value. 这没有多大价值。

(2) This subject is of great interest to me. 这门学科对我来说很有趣。

(3) The dictionary is of much help to the students. 这本字典对学生帮助很大。

第三节　no 的用法及翻译

no 是英语中的一个常用词,它既可用作副词、形容词,也可用作名词。其用法往往会与另一个否定词 not 混淆。

1. 用作副词

no 用作否定回答,它可以对前面的肯定疑问句或陈述句做出回答,意为"不"。例如:

(1) Did you go to the beach yesterday? No, I didn't.

你昨天去海滩了吗？不,我没有去。

(2) Have you seen him? No.

你见过他吗？没见过。

回答否定疑问句或一个陈述部分为否定式的反义疑问句时,翻译成汉语时,no 译为"是"或"对"。例如:

(3) Didn't you visit your English teacher? No, I didn't.

你没去拜访你的英语老师吗？是的,我没去。

(4) Haven't you seen him? No.

你没见过他吗？对。

no 用于形容词、副词的比较级前,意思是"并不,毫不"。例如:

(5) We went no farther than the bridge.

我们走到桥边就不再往前走了。

(6) I'm a little older but no wiser.

我年长一些,但并不更聪明。

(7) Some people can get what they like and get no fatter.

有些人想吃什么就吃什么,一点儿也不发胖。

用于加强语气。例如:

(8) I don't believe it. No, not I.

我不相信这事,不,我才不相信呢！

用于表示惊奇、怀疑或不信。例如:

（9）He left yesterday. No.

他昨天走了。不会吧!

用于委婉说法,译为"并非"。例如:

（10）in no small measure 在不小的程度上

有时 no 相当于 not at all,意思是"完全不是,绝对不是"。例如:

（11）His father is no teacher.

他的父亲绝对不是教师（不配当老师）。（比较:His father is not a teacher. 他的父亲不是教师。）

（12）Joseph is no honest man.

约瑟是个很不诚实的人。

（13）It is no easy task.

这根本不是轻而易举的工作。（比较:It is not an easy task. 这工作不容易。）

（14）It is no joke.

这绝不是开玩笑的事。（即这是一件正经事。比较:It is not a joke. 这不是玩笑。）

（15）He is no fool. (= He is clever.)

他很精明。（比较:He is not a fool. 他不是傻子。）

表示"禁止"或"不许"等意思,其后接动名词。例如:

（16）No parking! 不准停车!

（17）No waiting 禁止（车辆）在此等待

（18）There is no smoking in the waiting room.

候诊室不准抽烟。

（19）No spitting on the floor!

不要随地吐痰!

2. 用作形容词

no 表示"没有"的意思,其后可接单、复数可数名词或不可数名词,相当于 not a、not one、not any。例如:

（1）He has no children.

他没有孩子。

（2）There is no water in the bottle.

瓶子里没有水。

（3）I have no money.

我没有钱。

（4）There are no clouds in the sky.

天上没有云。

3. 作名词

no 可作名词,并有复数形式,意为"拒绝""否定""反对票"等。例如：

（1）My answer is no.

我的回答是"不"。

（2）Two noes make a yes.

否定的否定等于肯定。

（3）The noes have it.

反对者占多数。

4. 与 no 搭配的固定词组的用法

no better than 的意思是"几乎等于""和……一样"。这里的 no 作副词。例如：

（1）He's no better than an idiot.

他简直是个白痴。

（2）The patient is no better than he was yesterday.

病人的情况和昨天一样。

"no less than"意为"不下于……之多""……多一点"。例如：

（3）no less than a hundred = as many as a hundred 不少于一百

（4）No less than 1000 people came.

来者不下一千人。

"no less... than"意为"至少和……一样"。例如：

（5）As a driller, Comrade Liu is no less skilled than you.

作为一个钻探工人,刘同志和你一样熟练。

(6) He is no less a person than the headmaster.

他就是校长本人。

no more 意为"再也不"。例如：

(7) I'll go there no more.

我再也不去那儿了。

no more 还可表示 neither 的意思。例如：

(8) You did not come, no more did he.

你没来,他也没来。

"no more...than"意为"和……一样不"。例如：

(9) Jack is no more diligent than John.

约翰不勤快,杰克也不勤快。

(10) I could no more do that than you.

你不能做那事,我也不能做。

(11) I know no more Spanish than I know English.

我不懂英语,更不懂西班牙语。

no can do 等于"I am unable to do it"。意思是"我干不了"。

第四节　but 的用法及翻译

英语中的 but 用法比较复杂,可当连词、代词、介词、副词、名词和动词用,还可构成许多固定搭配,能接并列分句,引导多种从句。

1. 作连词,表示转折,意为"但是""可是"。例如：

(1) "You said you'd stay till tomorrow." "I know, Bel, but I think I would rather go back."

"你说过要待到明天。""我知道,贝尔,但我想我还是要回去。"

(2) Place the saucepan over moderate heat until the cider is very hot but not boiling.

将炖锅置于中火上,直到把苹果酒煮热,但不要煮沸。

(3) After three weeks, they gradually reduced their sleep to about eight hours. But another interesting thing happened.

3周后,他们把睡眠时间逐渐缩短到8小时。但是另一件有趣的事发生了。

(4) Please excuse me, but there is something I must say.

请原谅,不过有件事我必须说一下。

(5) I'm sorry, but it's nothing to do with you.

对不起,不过这和你无关。

(6) I'm married, but we're separated.

我已婚,但是我们分居了。

(7) He is young but very experienced.

他虽然年轻,但很有经验。

(8) Mary likes classical music, but her husband likes rock music.

玛丽喜欢古典音乐,而她的丈夫却喜欢摇滚乐。

2. 作介词,常与 nothing、nobody、who、all 等连用,意为"除了……"。例如:

(1) Europe will be represented in all but two of the seven races.

7场比赛中除了2场,都将有欧洲的代表参加。

(2) He didn't speak anything but Greek.

他除了希腊语不会说其他任何语言。

(3) We had nothing to do but wait.

除了等待,我们一筹莫展。

(4) No one but me saw him.

除了我,没人看到他。

(5) This letter is nothing but an insult.

这封信只不过是一种侮辱。

3. 作副词,意为"仅仅""只有""别无选择地""刚刚"。例如:

(1) Zach insists that he is but one among many who are fighting for equality.

扎克坚持认为他仅仅是许多为平等而战的人们中的一个。

（2）None but he knew the truth.

只有他知道真相。

（3）She is but a young girl.

她只不过是一个小女孩儿。

（4）This is but one of the methods used to try and get alcoholics to give up drink.

这只是为让那些酗酒者戒酒所尝试的方法之一。

（5）He is but a child.

他只不过是小孩儿。

（6）We could but listen to his plea.

我们只好听他的辩解。

（7）It happened but yesterday.

这件事就发生在昨天。

（8）He was here but five minutes ago.

5分钟之前他还在这儿。

4. 作代词，意为"什么不""谁不"。例如：

（1）Nobody but has his fault.

没有没有错误的人。

（2）Nothing indeed ever entered that little country but came out rejuvenated and clarified.

凡是进入那个国家小城镇的东西无不变得生机勃勃。

5. 作名词和动词，意为"反对""例外"。例如：

But me no buts.

请你不要"但是、但是"。（请你不要拒绝。）

6. 习惯用语

anything but 意为"绝非""决不"。例如：

（1）It is anything but a new-type machine.

这绝不是一台新机器。

(2) He is anything but a worker.

他绝不是工人。

(3) That little bridge is anything but safe.

那座桥绝不安全。

(4) She is anything but beautiful.

她根本不漂亮。

(5) It is anything but agreeable to be sick with measles.

患麻疹绝不是一件愉快的事。

"not... but..."意为"不是……而是……",连接两个并列成分。例如:

(6) Victory is not the end but a phase to the end.

胜利不是结束,而是走向结束的一个阶段。

but for = without,意为"要不是""如果没有",相当于虚拟条件句。例如:

(7) But for the rain, we would have a pleasant journey.

要不是下雨,我们旅途很愉快。

(8) But for you, we couldn't have carried out the plan.

要不是你,我们不可能完成那项计划。

(9) But for air and water, nothing could live.

没有空气和水,什么也活不了。

(10) But for Gordon, we would have lost the match.

要不是戈登的话,这场比赛我们早就输了。

but that = except that,意为"若非""要不是",引导虚拟条件句。例如:

(11) He would have helped me but that he was short of money.

如果不是他没有钱,他会帮助我的。

all but 意为"除……之外都""几乎"。例如:

(12) His theory is all but correct.

他的理论几乎是正确的。

but then = on the other hand,意为"不过""在另一方面"。例如:

(13) But then the Yugoslav made his big mistake.

但另一方面南斯拉夫犯了大错误。

but that/what 引导名词性从句,意为"未必不""也未可知"。例如:

(14) Who knows but that he may be right?

谁知道他(说得)不对?(说不定他是对的。)

(15) I could hardly believe but (but that/but what) it was all real (that is wasn't all real).

我很难相信它不全是真的。

(16) Who knows but (that) everything will come out all right?

谁能担保一切都不会出差错呢?

(17) Who knows but that he will come by and by?

谁知道他不久以后会不会来呢?

(18) I do not say but that A will vary with B in a large degree.

我没说 A 不会在很大程度上随 B 而变。

(19) Who knows but what it may be so?

或许不是如此。(直译:谁知道这也许不是如此。)

but that 引导条件状语从句,意为"假使不""要不是"。例如:

(20) But that you helped us, we would have failed.

假使你们不帮助我们,那么我们早就失败了。

(21) But that he saw it, he could not have believed it.

要不是亲眼看见,他早就不相信了。

(22) But that he has something to do, he would have left long ago.

要不是有事要做,他早就离开了。

"not that...but (that)..."意为"不是……而是……"。例如:

(23) Not that I don't want to go, but that I have no time.

不是我不想去,而是我没时间。

(24) Not that the machine is out of order, but that I have not learnt to operate it.

不是机器出了故障,而是我还没有学会操作。

"not only...but(also)"作为并列连词时,意为"不仅……而且"。例如:

(25) He not only said it but did it.

他不仅说了,而且也做了。

cannot but、cannot(help/choose)but 等表示"不得不、只能"的意思,后面接动词原形。例如:

(26) We cannot but agree.

我们只得同意。

"do nothing(everything/anything) but"之类的结构中,but 后往往用不带 to 的动词不定式。

(27) They did nothing but complain.

他们除了抱怨,什么事都不做。

在含有 nothing but 的结构中,如果谓语动词为及物动词 want、desire 等,but 后必须用带 to 的动词不定式。例如:

(28) He wanted nothing but to stay there.

除了待在那里,他什么也不想。

第七章　专题研究

第一节　汉英翻译中的汉字原形照搬

1. 相关概念界定

本文所指的原形照搬，分为两种情况：一是源语词语不译；二是翻译词语括号加注，附上原形词语。

原形照搬就是零译。本文之所以采用原形照搬，而不用零译这一概念，是因为学术界关于零译或零翻译的概念没有统一认识，其内涵和外延仍界定得不够清晰。(李家春，2013:95)有的学者把零译和音译、形译、省译、移译相提并论，甚至把意译和归化也列入零译范畴，扩大了零译的外延，使零译成为所有翻译技巧的上位词。邱懋如认为，零翻译就是不用目的语中现成的词语译出源语中的词语，具体可细分为3种译法：省略法、音译法和移译法。(邱懋如，2001:24-27)孙迎春认为，零翻译包括音译、形译，但并不包括移译。(孙迎春，2001)相反，袁宜平却将零翻译直接等同于移译。(袁宜平，2010:13-17)罗国青说，"零翻译形式上可指移植和音译"。他认为，不译、绝对零翻译、相对零翻译、相对音译和音译都是转写的表现形式，零翻译的变异形式有借用、引用、附注、伪翻译与语码转换。(罗国青，2008:213-215)他认为，零翻译可分为绝对零翻译和宽泛零翻译。刘明东则指出，"零翻译可分为绝对零翻译和相对零翻译"。绝对零翻译包括省译和移译，相对零翻译包括音译、音义兼译、补偿、象译、直译加注、归化等。(刘明东，2002:29-32)李丹和黄忠廉认为，零翻译可分为非语言符号零翻译和语言符号零翻译两类，前者涉及术语与单位符号、数字与数学符号、图像符号3类；后者涉及篇章、段落、小句和词语4个层次，包括缩略语、专有名词、通用词汇及引用4类。非语言符号零翻译较语言符号零翻译更为普遍，它们是新时期不可或缺的新型翻译方法。分类是事物研究的第一步，零翻译类型的考察将有助于汉英翻译的深入研究。(李丹、黄忠廉，2012:93-97)国外学者Lefevere认为，"零翻译是将原文中某个内容全部删除"。(Lefevere，1992:94)

我们认为,严格意义上的零翻译就是源语照搬。它既区别于音译和省译,也区别于形译和移译。

音译(transliteration),也称转写,是根据读音用一种文字符号来表达另一种文字符号的翻译方法。音译和零译一样,是翻译的两种极端形式,和其他翻译方法(如直译、意译)相比,总显得有点异类,都没有用通俗的译语词语表达出来,给人以"译犹未译"的感觉,使译文充满陌生感。音译与零译的最大区别在于前者改变了源语符号,成为目的语形态,是目的语借词的一种手段。许多音译词因为经常使用成为目的语词汇。

省译作为一种翻译技巧,往往省其形不省其意,这主要是出于以下几方面考虑:

(1)源语和目的语语言结构差异:如英汉翻译中代词、连词、介词和冠词的省译。

(2)修辞:根据语言表达习惯省译可有可无之词,如照源语一字不落地翻译,可能译语显得啰唆,省译则使译语简洁。

(3)文化差异:有些涉及汉语文化的特有表达方式没必要翻译。

形译,也称"象译",通过具体形象直接表达原义,实物形状由译语文字直接显示或由译语词语的主要义素间接显示。(方梦之,2004:93)例如:

H-beam 工字梁

I-square 工字尺

J-dog-clutch 爪形离合器

T-shirt T恤衫

移译具有不同的含义,有的学者(如Catford、Nida)把它看成是翻译的同义词,有的学者(如邱懋如、黄忠廉、袁宜平、冷姿颖)则把它理解为"源语照搬"。如果作后者理解,移译等同于零翻译。在汉语中,等同于零译的移译都是字母词,分全移译(如VIP、CEO、NBA)和半移译。所谓半移译,是指一半字母一半意译。科技文献中代表某种概念的字母就直接照抄,如L-electron(L层电子,指原子核外第一层电子)、X-ray(X射线)、Q band(Q波段,指8毫米波段)、P-N-P junction(P-N-P结,指空穴导电型—电子导电型—空穴导电型的结)。

2. 原形照搬的理据

一般而言,翻译不提倡原形照搬,因为这有悖于翻译是为不懂源语的读者服务的初衷。原形照搬会使译文产生陌生感,无疑会增加读者的阅读理解困难。翻译如果大量使用原形词,其可读性或可接受度就会大大降低。但纵观人类翻译史,原形词语在翻译中的的确确存在。

例如,唐玄奘基于其丰富的译经经验,曾制定了"五不翻"的翻译原则,即周敦义《翻译名义集》所载:一秘密故,如"陀罗尼";二含多义故,如"薄伽",梵具六义;三无此故,如"阎浮"树,中夏实无此木;四顺古故,如"阿耨菩提",非不可翻,而摩腾以来,常存梵音;五生善故,如"般若"尊重,"智慧"轻浅……(马祖毅,1999)

原形词语不仅在专业文献中频繁出现,而且在日常交流和大众媒体中广泛使用。原形的外来词语不仅在拼音文字(如英语和法语)之间借用,成为目的语词汇,也会被表意文字借用,如英语文字被汉语借用,包括缩略语字母词,产品名称词和专业术语等。在全球化背景下,汉语使用零译的字母词有大行其道之势,甚至到了令人咋舌的程度。

任何翻译都是一种有目的的行为。翻译技巧或策略的使用是由翻译目的决定的。原形照搬作为一种翻译技巧,其使用由多种因素决定,包括语言动因、文化动因、心理动因等。概括而言,原形照搬往往出于以下几种考虑:

(1)专业术语原形照搬,就可以确保术语的唯一性和专业性,避免术语翻译不当引起的歧义性。

(2)字母词或缩略语的使用可以简化许多表述,符合语用学中的"经济原则"及"省力原则"。(冷姿颖、贺爱军,2016)

(3)新技术、新产品难以命名,如 Iphone、Ipad,只好源语照搬。

(4)求异心理,即故意使用陌生化的原形词以吸引读者的眼球。随着社会的发展、教育的大众化,人们的英语水平普遍提高,很多日常生活中的外语词汇都采用零翻译,以示自己与众不同。

(5)典籍翻译中,翻译关键词语时在括号中附上原形词语可以增加学术严谨性和规范性,便于回译。

(6)音译的专有名词(如人名、地名)用括号加注,附上原形词语,便于对号入座,从而避免把 Chiang Kai-shek(蒋介石)译成"常凯申"或把 Mencius(孟子)译成"门修斯"的翻译笑话。

(7)词语是对象语言。当词语本身是研究对象时,没有必要翻译。如:
What does Rabbit mean?

Rabbit 是什么意思？

这里 Rabbit 即是"对象语言"，它只是一个符号而已，读者无须理解，这种情况就发生了不译（non-translation）现象，既没有翻译目的，也否定了翻译行为。（罗国青，2005）

（8）中国文化专有项词语音译后附上汉字原形，便于对号入座。例如美国知名报刊在报道中国的新闻文本中经常会照搬汉语拼音来描述中国特有的或新出现的专有名词，如 shiganjia（实干家）、shuangying（双赢）。

3. 汉字原形照搬的几种情况

在学术界，讨论最多的是汉语中的外来零译词，主要是来自英语的零译词，而汉英翻译的零译或原形照搬则几乎没有涉及。原因有二：一是汉语中来自英语的字母词、缩略语或专有名词随处可见，语料也丰富，自然会引起学者们的研究兴趣。对于这些零译词，学者们研究的话题大都集中在零译概念界定及类型、零译的理据及零译对汉语的影响。二是除了与汉语有渊源的日语借用汉字，其他外国语言很少借用汉字。汉英翻译中出现汉字，与英语的拼音语言格格不入，给读者怪怪的感觉。汉字除音译外，从来没有被借用到英语中，所以没有人提倡汉英翻译中使用汉字，对它的研究就更不用谈了。其实，在汉英翻译中，在某些情况下，汉字照搬是很有必要的，尤其是在学术文献中，可以增加学术的严谨性。

3.1 汉字是对象语言

3.1.1 汉语研究文献中的关键字或词语

在研究汉语的专业文献中，当汉字成为对象语言时，翻译时有必要原形照搬。所谓对象语言，就是描述或讨论的对象，而讨论对象语言的语言被称为元语言。对象语言不必翻译。其实，在零译或原形照搬的所有理据中，唯有对象语言不译最能站得住脚。其他理据多少有点牵强附会，没有很强的说服力。比如字母词或缩略语都可以意义还原，原形照搬是另辟蹊径。同样地，专业术语无论是意译还是音译，总之都有相应的译名，原形照搬完全可以避免。一些术语即使开始使用时原形照搬，后来也有相应的译名。如 PM2.5 使用一段时间后，2013 年正式命名为"细颗粒物"。

汉字有声调，每个音节有固定的声调，声调能区别词汇意义和语法意义，同一拼音如声调不同，文字各异，因此存在同音多字或同字多音现象。如赵元任的《施氏食狮史》和《季姬击鸡记》，限制性地使用一组同音异形的汉字来行文。《施氏食狮史》中每个字的普通话发音都是 shi。《季姬击鸡记》中每个字的发音都是 ji。原文如下：

施氏食狮史

石室诗士施氏，嗜狮，誓食十狮。施氏时时适市视狮。十时，适十狮适市。是时，适施氏适市。施氏视是十狮，恃矢势，使是十狮逝世。施氏拾是十狮尸，适石室。石室湿，氏使侍拭石室。石室拭，施氏始试食是十狮尸。食时，始识是十狮尸，实十石狮尸。试释是事。

季姬击鸡记

季姬寂，集鸡，鸡即棘鸡。棘鸡饥叽，季姬及箕稷济鸡。鸡既济，跻姬笈，季姬忌，急咭鸡，鸡急，继圾几，季姬急，即籍箕击鸡，箕疾击几伎，伎即斋，鸡叽集几基，季姬急极屐击鸡，鸡既殛，季姬激，即记《季姬击鸡记》。

同音文说明，汉语专业文献中，关键词如采用音译，很难对号入座。

作为对象语言的汉字，无论音译还是意译，在读者看来都会走样。我们曾经做过调查，拿一百篇文章的摘要让母语为英语的读者阅读，看看他们是否理解音译的关键词，结果90%的人都说不理解，10%的读者说理解，因为他们多少懂得一点汉字。例如：

(1)摘要：在现代汉语中，动词"听"能与"起来""下来""下去""上去""进去""出来"等复合趋向补语进行搭配，却不能与其他复合趋向补语进行搭配。

Abstract: In modern Chinese, the verb "listen" can be matched with the compound direction complements like "Qilai" "Xialai" "Xiaqu" "Shangqu" "Jinqu" "Chulai" and so on, but cannot be matched with other compound direction complements in group, we find that...

例(1)中，"听"意译成 listen，而"起来""下来""下去""上去""进去""出来"则是音译，原译的意思是 listen 可以与复合趋向补语如"Qilai""Xialai""Xiaqu""Shangqu""Jinqu""Chulai"进行搭配，这样的译文不仅让不懂汉语的人不知其意，就是中文读者也很难理解。汉语的"听"字作动词用，包括其引申义在内具有下列含义：①用耳朵接受声音，如听写、洗耳恭听；②顺从、接受别人意见，如言听计从；③任凭、随，如听任、听之任之；④治理、判断，如听讼。"听"可译成英语

hear、listen、understand、accept、obey、let/allow sb. be at his discretion、judge。本例说明,作为对象语言的汉字,采用意译或音译都不可取。但在有关汉语研究的专业文献中,类似例(1)的关键词意译或音译现象不胜枚举。如《汉语学报》和《语言科学》中涉及汉字研究的关键词大都音译,只有少数的摘要采用原形照搬。

例(1)的译文之所以不可接受,是因为我们可以从语境角度找到理据。跨语言交际活动的语境还可分为源语语境(表达语境)和译语语境(接受语境)。由于语言和文化差异,源语语境和译语语境之间存在着语境差。语境差不仅表现在语言语境,而且还表现在非语言语境(如物理环境、文化背景、阅读心理)。就语言语境而言,语境差不仅表现在语形(如语音和语法)上,还表现在语义(表层义和深层义)上。翻译是解码和编码的过程,也是把源语语境转化为译语语境的过程。在这过程中,译者应该考虑源语语境和译语语境之间的语境差,构建符合译语行文的译语语境,因为译语读者是根据译语语境去理解译语的。作为对象语言的关键词语,如采用音译或意译,不考虑接受语境,译文就不会为译语读者接受。

从读者角度看,有意阅读汉语研究文献的读者一定是懂汉语或研究汉语的读者,普通读者对这样的专业文献是不感兴趣的。这就使译者心目中有潜在的读者对象,也为译者从读者角度找到了原形照搬的理据。专业读者理解译文,不仅会从译语语境去理解,还会结合源语语境去理解。所以例(1)做如下改译,则更容易被读者接受:

In modern Chinese, the verb "听" can be matched with the compound direction complements like "起来""下来""下去""上去""进去""出来" and so on, but cannot be matched with other compound direction complements in group, we find that...

其实,作为对象语言的关键词语是没法翻译的,因为它本身有多层含义。例如:

(2)网络热词"菜"字的历时语义研究

Diachronic semantic study of Internet Buzz word"菜"

网络热词"菜"字不能当作传统意义的 vegetable 理解,它有许多引申义。如"菜鸟"是指刚刚加入某个团队的新人,或泛指生手;"我很菜"意思是我不熟悉业务;"不是我的菜"意思是"不是我喜欢的类型";"我这次考得很菜"意思是"我这次考得很不好"。

在研究汉语的专业文献中,作为对象语言的关键词之所以成为研究对象,是因为有其特殊之处,这种特殊之处要么表现在语法方面,要么表现在语义或语用方面。常规的音译或意译是无法表达其义的。再如：

(3)摘要：樟树方言的词缀有"子""仔""叽""牯""婆"等近20个，其中"叽"是一个使用频率较高、能产性很强、最为特殊的跨类词缀。

Abstract: There are about 20 affixes in Zhangshu dialect such as "子""仔""叽""牯""婆", of which "叽" is most frequently used and can produce large quantity of new words as a special cross-class affix.

(4)摘要：学霸、学渣、学酥等表示学习外号的词语是以"学×"为词模衍生出来的网络词语，这类词在构成和语法功能上具有鲜明特征，其衍生既存在语言内部机制的作用，又受到网络语境的影响。

Abstract: There is a certain type of words that are learning monikers, such as "学霸""学渣""学酥". These popular words are the network words derived from the "学 X" model, which have the same form. This kind of words has distinct characteristics in structure and grammatical function. Their development is not only influenced by the internal mechanism of language, but also by the network context.

(5)摘要：根据语义焦点和功能的不同，可以把"差点没"句式分为焦点型"差点没"句式和非焦点型"差点没"句式。前者会发生肯定意义与否定意义间的分化，而后者不会。

Abstract: According to its different semantic focuses and functions, the "差点没" sentence pattern can be further divided into two patterns: the semantically-focused "差点没" sentence pattern and the non-semantically-focused "差点没" sentence pattern. The first pattern is related to both affirmative and negative meanings but the latter pattern only represents the negative meaning. This paper mainly deals with the functional division of the "差点没" sentence pattern.

(6)摘要：志墓碑刻作为原始史料在史学研究中的重要性越来越为学界所注意，它的几种最为常见的分类——神道碑、墓碑、墓碣、墓表的概念和内涵却不甚清晰，经常被人们混淆。本文对上述4种碑刻的概念进行了考查和辨析，以期对碑刻和相关研究有所助益。

Abstract: Inscription of tombstone as original historical material plays an important role in the historical research, which draws attention of academia. It is classified into several kinds: "神道碑""墓碑""墓碣""墓表"(all these words mean gravestone in English), whose concept and connotation are not clear and are confused by people.

This paper distinguishes these concepts for the sake of tombstone research.

(7)摘要：由"单身狗"一词在类推机制下生成大量的"××狗"现象,并以掩耳不及盗铃之势迅速在网络上大红大紫,这里的"狗"已不同于字面意义上的"狗",它已经虚化为一种词缀,与"抄袭""追星""学生"等词语搭配形成不同的意义。这种现象的形成绝不是偶然的,而是有其深刻的理据性。

Abstract: The term "单身狗"(meaning "single dog") generates a large number of "XX 狗"through analogy mechanisms and becomes popular on the Web. The "狗" (dog) does not have literal meaning. It is an affix, having different meanings by collocating with "抄袭""追星""学生". Such phenomenon does not appear by accident, but has profound theoretical motivation.

3.1.2 汉字构成

汉字是由偏旁、笔画组成的。偏旁由笔画组成,笔画有点、横、竖、撇、捺、折、钩、提,翻译成英语为 dot stroke、horizontal stroke、vertical stroke、left-falling stroke、right-falling stroke、turning stroke、hook stroke、raising stroke。但是没有学过汉语的读者对于笔画的翻译还是不懂。所以在翻译讨论汉字构成的文章时,汉字原形照搬反而显得更为直观。例如:

(1)"人"字充当字的偏旁时,必须侧身而立,以迎候来者;"水"字作为字底时,多缩为四点,甘为铺路之石;"林"字由两个"木"字构成,但不能平分秋色,必须分主次;"非"字两个部分的关系也是一主一次,如同两个荷枪的士兵相背而立,分别警戒着东西两面。

There are many examples to show this. The 人(man) is standing(单立人) on the left to wait on the other man or thing; the 水(water) is lying(四点水) to allow for others walking on it; the 林(woods) are made out of two trees(木), one following the others; and the 非(not) appears like two soldiers with guns standing back to back, looking like one body with two faces. (王宏印,2009:20)

(2)小林,这么说吧,一个"木"字是独木,两个"木"就成了你那个林,三个"木"变成巨大的森林时,那么,狂风再也吹不倒它们。

原译:See, Tao-ching, it's like this. The character mu is only a single tree, but two of them make a wood like your name, and three or more form a huge forest that no storm or wind can destroy.

改译:See, Tao-ching, it's like this. The character 木 means only a single tree, but two of them make 林(meaning a wood like your name), and three or more form 森 (meaning a huge forest) that no storm or wind can destroy.

(3)"读过书——我便考你一考。茴香豆的茴字,怎么写的?""谁要你教,不是草头底下一个来回的回么?"

原译:"Well then, I'll test you. How do write the 'hui' as in aniseed peas(茴香子)?""I don't need you to show me. Isn't it the hui written with the element for grass?"

改译:"Well then, I'll test you. How do write the Chinese character '茴' as in 茴香子(aniseed peas)?""I don't need you to show me. Isn't it the '回' written with '艹'(the element for grass)?"

3.2 汉字或词语具有特殊含义

3.2.1 汉字具有丰富的文化内涵

词语植根于独特的文化土壤中,从其构成到语义都有独特性,所以在其他语言中很难找到与其完全对应的词语,构成语言的不可通约性或词语的部分不可通约性。对于不可通约的词语(主要是文化词语),如采用意译,则会导致词语的语义亏损,如文化信息亏损、风格丧失。所以在翻译实践中不可通约的词语往往采用音译法,如汉语的"阴阳"就译成 yin and yang。"关系"一词因其在汉语中有特殊含义,也音译成 guanxi。这些音译词由于在英语中反复使用,已被收录于英语词典中,成为英语词汇中的一员。

在中国文化典籍翻译中,对于具有哲学意味或文化内涵丰富的基本术语和关键词语,不同的译者有不同的理解,往往给出不同的译文。例如,体现道家核心思想的《道德经》的基本术语"道",往往音译成 Tao 或 Dao,或意译为简单的 Way 或 Road,或者依据基本原理和上下文分别译成 Principle、Universal law 或 Natural law,还有直接译为 Nature 的。对于核心词语,无论是意译还是音译,如果最初出现时在其后以括号形式附上原形词语,都可以增强典籍翻译的学术性和严肃性,也方便从事典籍研究的学者找其词源。例如:

(1)子曰:"质胜文则野,文胜质则史。文质彬彬,然后君子。"

The Master said, "When substance(质) outweights attention to form and beauty (文), there is the coarseness(野) of the unmanned; when attention to form and beauty outweights substance, there is the pedantry(史) of a scribe. Only when attention to form and beauty and substance are equally blended do we get the man of true virtue."

（2）子曰："志于道,据于德,依于仁,游于艺。"

The Master said, "Set your sights on the Way (dao 道), sustain yourself with excellence (de 德), lean upon authoritative conduct (ren 仁), and sojourn in the arts."

（3）子曰："君子不重则不威,学则不固。主忠信。无友不如己者。过则勿惮改。"

The Master said: "Exemplary person (junzi 君子) lacking in gravity would have no dignity. Yet in their studies they are not inflexible. Take doing your utmost and making good on your word (xin 信) as your mainstay. Do not have as a friend anyone who is not as good as you are. And where you have erred, do not hesitate to mend your ways."

（4）定公问："君使臣,臣事君,如之何?"孔子对曰："君使臣以礼,臣事君以忠。"

Duke Ding of Lu inquired: "How should rulers employ their ministers, and how should the ministers serve their lord?"

Confucius replied, "Rulers should employ their ministers by observing ritual propriety (li 礼), and ministers should serve their lord by doing their utmost(zhong 忠)."（安乐哲、罗思文,2003）

上述译例中,核心词汇的翻译都以括号的形式提供了原形,这不仅可以避免翻译不当导致语义亏损,而且突破了语言文字符号的障碍,带着读者进入源语语言文化环境,激发读者的认知潜能,促使他们深入了解中国文化。（孙际惠,2011：148）

3.2.2 汉字成为双关语

双关语（pun）指在一定的语言环境中,利用词的多义和同音的条件,有意使语句具有双重意义,言在此而意在彼的修辞方式,可分为语形双关、语音双关和语义双关。双关语翻译是个很棘手的问题,原因在于文字差异。在翻译实践中,往往会出现以下两种情况:源语有双关语但译语没有;源语没有双关语,但译语有。

汉语双关语有的与文字构成有关,而有的与读音有关,其中同音、异形、异义词是产生双关语的主要根源。汉语双关语大都要从语言文化心理去理解。脱离了汉语语境(上下文语境、文化语境、心理语境等),双关语就不复存在。所以某些在上下文中具有双关意义的汉字翻译时最好原形照搬,然后括号注释其译意。

(1)两个娃娃在观灯戏狮狗。以"莲""灯""太""狮"等谐音,题作"莲灯太师"。古代官制,太师为三公之首。故为祝愿发迹升官之颂词。

原译:Two boys are playing with a lotus lantern a lion and a dog. There are four Chinese characters in picture lian deng tai shi which are homonymous with the four Chinese characters in meaning lotus(successive) lantern (ascend), and the majestic lion ("taishi", the emperor's tutor), elucidating the theme of the picture: to be successively promoted to the post of "taishi" (the head of the three highest-rank officials under the emperor in ancient China: Taishi, Taifu and Taibao). The picture is now often used to express people's good wish: to win promotion and get rich. (贾文波,2012:160-163)

"太师"为中国古代特有的一种官职,"莲登太狮"谐音"连登太师"。例(1)画线部分如回译为汉语,意思是"画上有4个汉字:莲,灯,太,师"。改译如下:

There are four Chinese characters in picture: "莲"(meaning lotus), "灯"(meaning lantern), "太", "狮"(meaning majestic lion), which are homonymous in meaning with successively ascending "taishi"(the emperor's tutor), elucidating the theme of the picture "莲灯太师"(to be successively promoted to the post of "taishi").

(2)最恼人的是在他头皮上,颇有几处不知起于何时的癞疮疤。这虽然也在他身上,而看阿Q的意思,倒也似乎以为不足为贵的,因为他讳说"癞"以及一切近乎"赖"的音,后来推而广之,"光"也讳,"亮"也讳,再后来,连"灯""烛"都讳了。

The most annoying were some patches on his scalp where at some uncertain date shiny ring-worm scars had appeared. Although these were on his own head apparently Ah Q did not consider them as altogether honorable for he refrained from using the word "ringworm" or any words that sounded anything like it later he improved on this, making "bright" and "light" forbidden words, while later still even "lamp" and "candle" were taboo.

上述画线部分的翻译没有体现汉语"癞"和"赖"的谐音,以及为什么"'光'也讳,'亮'也讳,再后来,连'灯''烛'都讳"的原因。这是汉语特有的文化现象,不懂汉语禁忌语的外国读者是很难理解译文的。如果译文后面用括号把汉字写上,也许便于略懂汉语的外国读者理解译文。

3.3 汉字具有象形性

汉字是象形文字,直观性强,其形体特征让人产生丰富的联想。人们可以根据汉字构形描述行为或事物,形象直观。例如:

(1)"他躺在床上,身体摆成个'大'字"。

He lay on the bed, sprawling himself out like a Chinese character "大".

例(1)的"大"字原形照搬,形象生动,一目了然,其优势是其他任何翻译方法所无法比拟的。(赵明、王慧娟、吕淑文,2005:128)

(2)早餐后走向车间的工人形成"人"字形。

After breakfast, workers went to workshops in the form of Chinese character "人".

4. 汉字是名人的题字

风景区名人的题字,有些内涵丰富,有些则具有书法性,其艺术性大于文字内涵,如果把它变成别的文字,就改变了源语符号,所以翻译时最好源语照搬,或加上译注。例如:

路左有一巨石,石上原有苏东坡手书"云外流春"4个大字。

原译:To its left is a rock formerly engraved with four big Chinese characters Yun Wai Liu Chun (Beyond clouds flows spring) hand-written by Su Dongpo (1037—1101), the most versatile poet of the Northern Song Dynasty (960—1127).

改译:To its left is a rock formerly engraved with four big Chinese characters 云外流春(Beyond clouds flows spring) hand-written by Su Dongpo (1037—1101), the most versatile poet of the Northern Song Dynasty (960—1127).

有些名人题字还不好翻译,如云南石林的朱德题字,他把群众的"群"字写成"君"在"羊"上,而且另有深意。这样的字翻译时只能源语照搬。

5. 结语

一般来讲,要翻译一篇文章,不会整篇文章都采用零翻译策略,如果那样就真的是不译了。零翻译只会在其中某些不便用目的语表述的部分或表达不清或出于语义、语用、文体等需要时才会采用,也就是说零翻译存在于更大的翻译行为之中,这样才有足够的交际情景提供,使得读者理解零翻译。(罗国青,2005:89)零翻译有不同的功能,对于不同的媒体、不同的读者对象,其功能是不同的,官方文本中使用零翻译与民间文本中使用零翻译的功能也是不同的。一般不提倡原形词语照搬,因为原形词语照搬会增加读者的理解难度,但在特殊文体和特殊场合又不得不照搬原形词语,只有照搬原形词语,翻译才不会走样。

第二节　音译的理据、原则及补偿策略

音译(transliteration),也称转写,是根据读音用一种文字符号来表达另一种文字符号的翻译方法。音译和零译一样,是翻译的两种极端形式,和其他翻译方法(如直译、意译等)相比,总显得有点异类,都没有用通俗的译语词语表达出来,给人"译犹未译"的感觉,使译文充满陌生感。所以音译词或零译词从出现到接受有个渐进的过程。

1. 音译的理据

音译虽然是不得已而为之的权宜之计,但也有合理、积极的一面。音译表现了语言的差异性,架设了语言从不可译到可译的桥梁,体现了语言的开放性和包容性,是扩大词汇的一种手段。音译词大量存在于翻译文本中,许多词已经成为一些语言的一部分,丰富了译语词汇。如果从语言对比、文化传播、语言变异、跨文化交际和语言经济性的角度去分析,音译有其存在的理论依据。

1.1　音译词弥补了词汇空缺

语言植根于文化之中。独特的文化环境自然产生独特的文化词语。这种独特文化词语在跨文化交际中表现为此有彼无,即源语词语在其他译入语言中没有对应的词。一般而言,音译词都是源语独特词语,包括人名、地名、文化词语和新概念名称。有人认为,音译出于5个方面的考虑:一是为了更具体、更精确地表示中外交流的器物和概念;二是有些概念在汉语中没有相应的词语能简明地表达;三是简称词的意译不如音译简便;四是一些标示了一定民族风格或特性的音译词不宜用意译词代替;五是人名、地名等专有名词一般不能意译。(张清源,1957:

150-159)国外现代翻译理论认为,在翻译中,遇到目的语中没有的概念,有3种处理方法:描写性词语、音译或借用文本中相近的词语。其中,对于人名、地名等专有名词,音译是最佳的选择,是达到语词等值的最佳手段。(Larson,1998:179,186-187)这是因为,相对于意译,音译距离原文最近,最不易引起误解或歧义。(Deeney,1995:108)其实,由于在目的语中难以找到对应的词汇传递原文的意义,不得已而采用音译这一最单纯、最简单,也最直接的方法,在近代甚至古代都有先例。我国早在唐代,玄奘就提出了著名的"五不翻"(多含义不翻、秘密不翻、尊重不翻、顺古不翻、此方无不翻)。(陈福康,2000:33)这是早期对音译的适用范围较为系统的归纳。在近代,从19世纪到20世纪我国在政治、经济、军事、文化领域都借用了一些音译的外来语。例如:乌托邦(Utopia)、来复枪(rifle)、海洛因(heroin)、吗啡(morphine)、基因(gene)、保龄球(bowling)、萨克斯风(saxophone)、吉他(guitar)、迪斯科(disco)、坦克(tank)、幽默(humor)、浪漫(romantic)、色拉(salad)、三明治(sandwich)、吉他(guitar)、芭蕾(ballet)、华尔兹(waltz),等等。这些词都成为汉语固定词汇,收录到汉语词典中。有些词退去了外来的光环,成为汉语中的日常词语,如幽默、浪漫、歇斯底里(hysteria)。同样地,汉语特有的词语在英语中没有对应的词时也音译,光饮食类的音译词就有 jiaozi(饺子)、mantou(馒头)、baozi(包子)、dimsum(点心)、tofu(豆腐)、chow mein(炒面)、shao-mai(烧卖)、won ton(馄饨)、chop suey(炒杂碎)、stinky tofu(stinking bean curd, smelly tofu)(臭豆腐)、youtiao(deep-fried dough sticks)(油条)、tangyuan(glutinous rice balls)(汤圆)、zongzi(glutinous rice wrapped in bamboo leaves)、yuanxiao(glutinous rice balls for lantern festival)(元宵)、douzhi(fermented soybean milk in Beijing style)(豆汁)、bingtanghulu(sticks of sugar-coated/candied haws/apples or something else)(冰糖葫芦)、aiwowo(steamed rice cakes with sweet stuffing)(艾窝窝)、moo goo gai pan(蘑菇鸡片)、shanghai(上海鸡)、ginseng(人参)等。

1.2 音译词有利于文化传播

翻译与文化密切相关。翻译就是文化传递。音译可以克服语言文化空缺带来的表达障碍,忠实反映出原汁原味的异域文化特色,从而满足人们的求知欲和好奇心。(赵琦、卢澄,2013:121)

音译是最能体现文化词汇特色的表现手段。其他翻译手段,如直译、意译或语义借用,都不像音译词那么一目了然。有学者认为,只有音译词才是外来词,意译词应被排除在外。(王力,1980:112)也有学者将音译词、音意合译词和通过借用手段引进的词统称为外来词,而将意译外语词汇叫作"准外来词"。(史有为,2000:4)英语的汉语借词中,绝大多数是含有音译成分的借词,有的已经进入英语词典,被普遍使用;有的已经在英国、美国、加拿大等国广泛使用但尚未进入词典,主要表现为生活、文化、政治等方面的用词。

汉语中有些独特的文化词语如果采用意译手段,或借用译语中的近义词,不能表达文化词语的真正含义,甚至会误导译语读者。比如"武术",音译为 wushu,意译为 martial arts,但是 wushu 比 martial arts 更能准确地表达出中国特色体育项目"武术"的含义,因为 martial arts 泛指西方搏击运动,也包括源自韩国的空手道和来自日本的柔道。《牛津英语词典》中,martial arts 的解释为 any of the fighting sports that include Judo and Karate。正是因为 martial arts 不能准确表述武术的含义,现在国际武术联合会已经将武术的译文规定为 wushu。(李冰、孔雁,2014:123)

近年来,随着中国文化影响力的增强,中国词语频频成为英语中的新单词,汉词音译已成为不可争议的事实。如《华尔街日报》在报道中国大妈收购黄金引起世界黄金价格变动时,不用"中国中年妇女",而用了"dama"。尔后,dama 一度因为可能被收入英国牛津词典,而一时成为热门话题。此外,"tuhao(土豪)"同样被英语世界中权威的牛津词典收录。其实,这种因新闻事件而输出的文化词语还有很多,比如 tuhao(土豪)、shuanggui(双规)、guanxi(关系)。"关系"一词之微妙,相信不用赘述。许多外国人都知道 guanxi(关系)的微妙含义,还专门出了一本书。有美国媒体称,适应当前中国不断走向世界的趋势,英语中来自当代汉语的语汇和新词当然会迅速增加。

1.3 音译是语言变异手段

语言变异或变体是指语言由于地域障碍、人口变迁、政治、经济、种族、教育、性别、年龄、心理等各种因素的影响而出现的语言形式上变化的现象。同样一种语言,由于地理差异,会表现出不同的地方方言。正所谓"五里不同音,十里不同言"。同样是英语,英国英语和美国英语在发音、用词、用语方面就存在差异,与其他变体英语(如澳大利亚英语、新加坡英语、中国英语)的差异就更大了。

语言的发展历史表明,语言不是一成不变的,变异是语言的一个基本特性,没有变异便不会有语言的发展。正如 E. Sapir 所言:"语言的沿流是由说话人无意识地选择的那些向某一方堆积起来的个人变异的过程。语言在不断发展变化,同时也存在变异。"(Sapir,2002:127)Verschueren(1999)的语言顺应理论告诉我们,语言具有变异性(variability)、协商性(negotiability)和顺应性(adaptability)。正是由于语言具有这样一些特性,因此我们说人们使用语言的过程其实是一个基于语言内部或语言外部的原因而不断做出语言选择的过程。但是说话人为什么做出这样的而不是别的选择,一定有其背后的理据。为实现特殊的交际目的和意图而做出的语言选择具有较强的理据性。语言变异就是一种理据性很强的语言选择。(蔡少莲,2006:77)

变异无所不在,无时不在,没有变异就不会有语言的演进。某些语言因素或语言条件的影响会导致某种语言文本在时间内涵、空间内涵、语域内涵、风格内涵等方面或多或少的转变,以追求不同的表意和风格效果。(翟忠和,2005:12)语言的各个要素均能在使用中出现变异,G. N. Leech(1969)把这种变异归纳为八类,即语音变异(phonological deviation)、词汇变异(lexical deviation)、语法变异(grammatical deviation)、语义变异(semantic deviation)、语符变异或书写变异(graphlogical deviation)、语域变异(deviation of register)、方言变异(dialectical deviation)和历史时代变异(deviation of historical period)(G. N. Leech,1969:42 - 52)。

翻译也会引起语言变异。音译词就是语言变异在词汇中的体现。有些源语词语在目的语中有对应的词,但为了追求表达的新异,也会采用音译词。如"和谐社会"有意译词 harmonious society,但在国外报刊中采用音译词 hexieshehui(和谐社会)。类似音译词有 hepingjueqi(和平崛起,peaceful rise)、shuangying(双赢,win-win)、hukou(户口,household registrations)等。

1.4 音译体现了言语趋同策略

交际者的语言策略是由语言动机决定的,趋同策略的使用是因为一方为得到对方的赞赏或好感,而调节自己的言语行为,使其与对方的语言行为接近或相似,以缩小彼此间的距离。比如,中国人和非英语国家的人进行交际时,双方的英语都不好。如果一方夹杂使用哪怕是蹩脚不流畅的对方语言与其交谈,对方往往会表现得更友善,更愿意接受另一方。在现实中常常会出现这样的情况:中国在介绍饮食时,用意译手段,怕音译老外不懂。比如说"饺子"是 dumpling 或 Chinese meat ravioli,而老外则会说 jiaozi;说"馒头"是 steamed bun,而老外则会说 mantou。这个例子说明,在跨文化交际中,语言和形式的调节是交际中人际关系管理的有效途径。(C. Gallois,1995)这种语言和形式的调节不仅在普通人的话语中出现,甚至不同国家领导人之间的会谈中也会出现。比如习近平出访,在与访问国领导会谈时往往会引用该国的谚语、俗语、格言或名人的话,以拉近彼此的距离。比如,2014年9月18日,在印度世界事务委员会的演讲,习近平引用了尼赫鲁的话"印中走到一起是亚洲乃至世界的一件大事"和圣雄甘地的话"中国和印度是同舟共济、患难与共的同路人"。2015年4月22日,在亚非领导人会议上的讲话,习近平引用非洲谚语"一根原木盖不起一幢房屋"。2014年8月22日,在蒙古国国家大呼拉尔的演讲时,习近平引用蒙古国谚语"邻里心灵相通,命运与共"。国外领导来中国访问时在不同场合也会用汉语翻译的中国英语,从基础级别的"你好""谢谢"到高手级别的全程无障碍交流,再到大神级别的引经据典、诗词歌赋。如,尼克松访华时谈到发展中美关系的紧迫性,在招待宴会上就引用了毛主席的名言"So many deeds cry out to be done, and always urgently; the world rolls on, time presses. Ten thousand years are too long; seize the day, seize the hour!"(多少事,从来急;天地转,光阴迫。一万年太久,只争朝夕!)赢得了满堂彩。里根总统1984年4月26日访华,在欢迎晚宴上,里根在祝酒词中说"Many centuries ago, Wang Po, a famous Chinese poet-philosopher, wrote, Although we reside in far corners of the world, having a good friend is akin to having a good neighbor."。(在许多世纪之前,一位名叫王勃的中国哲学家和诗人写过:"海内存知己,天涯若比邻。")法国总统希拉克访华在北大演讲时也引用了《易经》中的"二人同心,其利断金"(If two people are of the same mind, their sharpness can cut rough metal.);克林顿总统在访华演说中也引用了一个中国成语"实事求是"(seeking truth from facts),在北京大学演讲时还说"Gongxi Beida"(恭喜北大)。引用中国的古语诗句,或用带洋腔的汉语讲话,让中国民众倍感亲切。

1.5 音译符合语言经济原则

Fauconnier和Turner(福科尼耶和特纳,2002)指出:"自旧石器时代以来,人类发展了一种空前的创新能力。他们获得了现代人类的想象力,这种想象力给予了他们创造新概念,组织新的、有生命力的心理范式的能力。"人类的创新能力之一就表现为对语言的简化,是人类创造性思维的突出表现,它的出发点是语言的经济原则(principle of economy 或 economy)。语言经济原则,又称省力原则(principle of least effort),是指以最小的认知代价换取最大的交际收益。(宋德生,

2005:11)美国学者齐夫(George Zipf)首次明确提出这一原则。齐夫认为,人们交际时总是倾向于选择既能满足言者完整表达又能满足听者完全理解所需的最少的语符,这就是语言的经济性原则。(Zipf,1949:117)经济原则是支配人们言语活动的规律,它不仅仅是"节省力量消耗"的同义语,而是指在保证语言完成交际功能的前提下,人们自觉或不自觉地对言语活动中力量的消耗做出合乎经济要求的安排。(周绍附,1980:7)

音译词符合语言经济原则,达到了以最少的词汇量表达概念名称的效果。比如汉语的"阴阳"蕴含着丰富的文化含义。传统观念认为,阴阳代表一切事物的最基本对立关系。它是自然界的客观规律,是万物运动变化的本源,是各种事物孕育、发展、成熟、衰退直至消亡的原动力,是人类认识事物的基本法则,是奠定中华文明逻辑思维基础的核心要素。国外没有"阴阳"概念,自然没有对应的词语,音译成为不二选择。如果要对其解释,要用许多文字:"the two opposing principles in nature, the former feminine and negative while the latter masculine and positive"。(惠宇,2003:1936)实际上这种解释还不足以表达"阴阳"的全部含义。"阴阳"的音译词 yin and yang 已被国外读者接受,如美国记者 Laurent Belsie 写的题为 *From US to Europe, the face of employment is changing* 的文章中,文中的小标题就用了"The yin and yang",接着第一段就说"At this point, alt-labor is creating both positive and negative effects."。有这样的文字表述,相信读者一定能理解 yin and yang 的意思。

有些英语首字母缩略词的音译同样可以体现语言经济原则。如 OPEC(Organization of the Petroleum Exporting Countries)音译"欧佩克",比意译"石油输出国组织"省去 4 个字;radar(radio detection and ranging)音译成"雷达",比意译"无线电探测设备"省去 5 个字;sonar(sound navigation and ranging)音译为"声纳",比意译"声波导航和测距设备"省去 7 个字;TOEFL(The Test of English as a Foreign Language)音译"托福",比全译"检定非英语为母语者的英语能力考试"省去 14 个字。这些词成为固定的专业术语,而其意译词语反而不为人们所知。

有些音译词不仅简便,甚至还具有感情色彩。最经典的莫过于把"电子信箱"译为"伊妹儿"了,该词不但语音对译准确,而且减少了音节,符合语言的经济原则。更有意思的是,"伊妹儿"还被赋予了期盼、多情等一些感情色彩。

2. 汉词音译原则

音译有很多讲究，不是照着读音就可以随意翻译的。首先，一个源语字母可以有不止一个音位对等语；其次，源语和目的语的音位单位之间可能不存在一对一的对等关系；第三，当代表某个目的语音单位的目的语字母不止一个时，可能只能对它们做任意选择。西方拼音文字语言之间的音译，不论是在音节层面还是音素层面，都只是语音的对应改写(transcription)，书面上是字母的规律性替换。当涉及汉语这样的语言时，语音分析的终极结果只能落到音节层面，用代表音节的汉字来表示，这种源语向目的语形式的转换，有人称之为"注音"。(Catford,1965:66)

英语中的音译汉词比较复杂，其来源不仅仅是普通话，也可能是广东话、福建话、闽南话、沪语或是通过葡萄牙语、西班牙语、日语、法语等借入的，所以其读音有的跟汉语相差无几，如 suan pan 算盘，mao tai 茅台酒；有的则相去甚远，如 bohea 武夷茶(福建话)，tea 茶(闽南话)。此外，英语在音译过程中，对一部分借词进行了英语化音变。再者，还有一部分在当初借入时采用的是威妥玛式拼音方式，故而在拼音和拼写方式上与现代汉语有些英语中的汉语外来语存在细微的差别，如 ginseng。(黄婉冰,2011:80-81)

为了使音译更加规范，汉词音译应遵循以下原则：

第一，约定俗成原则。所谓"约定俗成"就是按照已有的译名照搬照抄，没有必要另取新名，即使原译名不准确也是如此。否则，同一名称有多个译名，必然会产生译名的混淆。如孔子音译 Confucius，已收入英语词典，被西方读者接受，国外的孔子学院译为 Confucius Institute，不必译 Kongzi(孔子)。其他历史人名如 Mencius(孟子)、Sun Yet-sen(孙中山)、Chiang Kai-shek(蒋介石)等也是一样的。有些词语过去采用韦氏拼音，已被国外读者接受，甚至收入进英语词典，应保留韦氏拼音，不必采用标准的普通话拼音，如 kung fu(中国功夫)不必译为 gongfu。"道可道，非常道"中的"道"的音译"tao"被 *Webster's Ninth New Collegiate Dictionary* 和 *Longman Dictionary of English Language and Culture* 等辞典作为词条收入，专指老子、庄子之"道"。所以翻译老子、庄子的"道"时，不必译为 dao 或意译为 nature、reason、law、existence 等。

第二，与时俱进原则。1978 年，我国政府已明文规定废弃韦氏拼法，统一采用汉语拼音音译我国人名、地名，而且英译中国人姓名都采用了先姓后名的排列顺序，同时出版了以辛华为代表的关于英译汉的系列译名辞书。我们应在翻译实践中自觉地按规定规范译法。如"长江"，从前是根据它另一个名字"扬子江"译为"Yangtze River",现在改用拼音"Changjiang River"。"北京"过去译为"Peking",现在改为"Beijing"等。

第三,排除歧义性原则。歧义性是语言意义不确定性的表现,但是大多数歧义性在一定的语境中一般可以消解或排除。由于词语具有多义的特点,译者在选择词义时就要考虑译语词语是否会产生歧义。如"芳草"牌(牙膏)译为 Fang Cao 就会产生误解,因为 Fang 在英语中有"犬牙、毒牙"之意,因此,这样的音译不可能引起读者(消费者)美好的联想。再如,一种中国化妆品,在国内名为"娜姿",很有女人味,但其汉语拼音"Nazi",在英文中是"纳粹"之意。因此,这样的音译就应该避免。

第四,循音赋义原则。最理想的音译是能产生联想语义。由于汉语的偏旁部首都有含义,所以汉语中的许多音译词都具有语义特点,表现出"义溢"现象。比如国外姓名音译,往往会表现出性别含义,如 Justin 是男的,就译成"贾斯丁",而与之读音相似的 Justine,因为是女性,就译成"嘉丝汀",男女通用名如 Evelyn、Marion、Robin、Vicky,翻译时译者毫不例外地会从译名中去体现性别,分别译为"伊夫林/伊芙琳""马里安/玛丽安""罗平/罗萍""威奇/维姬"。就连西方各国国名的翻译用字,也会选用表示美好、吉利或至少是中立的字眼,比如"美利坚""英吉利""德意志""比利时"等。(林木森,2006:48)"循音赋义"的例子在品牌商标翻译中更是数不胜数,如 Coca Cola 音译"可口可乐",Benz 音译"奔驰",Safeguard 音译"舒肤佳",这些音译词都被赋予美好的联想语义。中文词语音译成英语要做到音义结合比较难,但有些品牌商标的翻译还是比较成功的,如"乐百士"(饮料)音译 Robust,与"健壮、有力"联系在一起;"四通"(打字机)音译 Stone,而该词有界石、里程碑、宝石等含义;Haier(海尔)与 higher 谐音,意为更高、更好的;Supor(苏泊尔)与 super 谐音,意为极好的;"汰渍"(洗衣粉)音译为 Tide,传递该洗衣粉去除污渍的功效;Youngor(雅戈尔)与 young 读音相似,有点像 young 的比较级,给人年轻有为的感觉;"国美"音译 Gome,言外之意是买电器都到我这里来。

第五,可接受性原则。音译词对目的语读者而言毕竟是生造词,要让他们理解,必须提供相应的语境。词语的意义只有在一定的语境中才能显现出来。如有定译,就不要音译。换言之,有意译的词语决不音译,没有相应的意译词语而不得已音译时也要遵循约定俗成的原则。这是因为,翻译是给那些不懂源语的人看的。如果译作通篇充斥着新词新语,而这些新词新语又早有定译,岂不与翻译的初衷背道而驰？滥用音译词语，可能导致语言表达的平庸化，乃至庸俗化，或者对语言规范的扭曲。

3. 汉词音译的补偿策略

英国人使用音译方法翻译中国文化中的事物和概念大约始自中国丝绸织品进入英国的时期。根据 *Oxford English Dictionary*，silk(sylk、selk、silke)出现在英语的时间大约是在14世纪，迄今已有将近700年的历史(*The Oxford English Dictionary*. Oxford：Clarendon，1933.)有些汉语词语音译已收录于英语词典，成为英语词汇成员，而大多数音译词都是临时借用的。毫无疑问，音译词对目的语读者会带来陌生感。如果不懂汉语文化，目的语读者碰到音译词时会不理解，产生阅读障碍。为使音译词具有可理解性，译者往往会提供相应的语境，对音译词采用补偿策略。最常见的表达手段有：

3.1 音译 + 直译或意译(直译或意译 + 音译)

一般为先音译，再直译或意译。如 Chixiangsi, or Eat Lovesickness(吃相思，俗称"为客"，侗语叫"越嘿"，时间多在正月、二月或秋后，是侗族地区村寨之间为拓宽社交、加深友谊而举行的一种规模较大的民间交往活动)；sheng nu, or "leftover women"(剩女，又称大龄单身女性，指已经过了社会一般所认为的适婚年龄，但是仍然未结婚的女性)；Putonghua, or Mandarin(普通话)；hukou, or household registrations(户口)；"牌楼"音译为 pailou(decorated archway)。再如：

(1) Enter a Beijing eyeglasses shop, and you'll invariably see a special case filled with thick, oversize spectacles. Salespeople refer to them as lingdao(leaders) glasses. (*Time*, 2012 – 03 – 06)(lingdao 是"领导"的拼音。)

(2) Sina Weibo, for instance, allowed searches for zhengbian, the Chinese phrase for coup, for days after the rumors began appearing two weeks ago. (*Time*, 2012 – 04 – 02)(zhengbian 是"政变"的拼音。)

也有先直译或意译，后音译的例子。如：a relationship society, or "renqingshehui"(人情社会)；"moderately prosperous society" or in Chinese "xiaokang"(小康社会)；the Chinese zodiac, or shengxiao(生肖)；steamed buns, also called baozi(包子)；weiwen, or the maintenance of stability(维稳)。

3.2 音译+类词

也就是混合语,即中文的人名、地名或其他名称的音译词加上表示类别的英语固有词汇所构成的短语,可以灵活表达与某一汉语借词或音译词相关的各种具有中国文化特色的概念。例如:

地名音译+类词可以表示某地的剧种、某地的人、某地的菜、某地的方言等,如 Beijing opera(京剧)、Shanghai opera(沪剧)、Kunqu opera(昆曲)、Dixi opera(地戏)(地戏,俗称"跳神",是流行于贵州省安顺市的地方戏)、Minnan people(闽南人)、Shandong cuisine(鲁菜)、Shanxi cuisine(陕西菜)、Water Margin feast(水浒宴)(源自《水浒传》)、Minnan dialect(闽南话)、Wenzhou dialect(温州方言)。

朝代名音译+类词可以表示某个朝代,如 Qing Dynasty(清朝)、Ming dynasty(明朝)。

人名+类词可以表示某人的风格、思想等,如 Deng Xiaoping theory(邓小平理论)、Mao Zedong thought(毛泽东思想)、Liyuan style(指彭丽媛的风范,即指她具有美丽、优雅、高贵、魅力等特征)、Xi-style diplomacy(指习近平式的外交风格)。例如:

Zhou Libo, a Chinese stand-up comedian who is famous for his iconic "Shanghai-style small talk", made his debut on Friday night at New York's Carnegie Hall. (*China Daily*,2016-07-14)

Shanghai-style small talk 指"海派清口",是上海滑稽演员周立波独创的,是从上海本地的滑稽戏、北京单口相声和香港"栋笃笑"等曲艺表演形式中汲取精华发展而成的。海派清口,实质上是一种带有表演性质的脱口秀,是一种"智慧性的表演形式",主要以幽默的形式盘点时事为主,而非传统滑稽的说学逗唱,更不是炒冷饭,它更讲究知识结构和语言修养。

其他汉词音译+类词可以表示类词的特有文化概念,如 Han-style costume or Hanfu(汉服)、kung-fu movies(功夫片)、Xinhai Revolution(辛亥革命)、Shaolin Temple(少林寺)、Pinyin system(拼音系统)、tangzhuang clothing(唐装)。

3.3 音译+汉字+释义

它指在音译后面写出汉字,再补充说明其含义。例如:

One of the more unusual prohibitions: officials are not allowed to ink public calligraphy(called tizi or 题字) without prior approval. (*Time*,2012-12-26)

在例句中,作者如果只写出拼音,即使略通汉语的外国人士也很难快速联想到对应的汉字,因为汉语中有大量音同形异的汉字。这类词语所占比例极小,作者之所以在拼音后加上汉字,一方面可能是因为汉语中有大量的同音字、多音字,写出汉字能帮助英语读者快速识别;另一方面,是作者有意凸显信息源自中国,说明作者精通汉语。(吴萍,2014)

3.4　音译+解释性词语

先音译,再对音译词进行解释。例如:

(1) Caili, or the betrothal gift a man usually gives to the bride's family(彩礼)

(2) Rou jia mo (Chinese hamburger)(肉夹馍)

(3) the "guan er dai" and "fu er dai"—the "second generation", children of privileged government officials and the super-rich("guan er dai"和"fu er dai"是"官二代"和"富二代"的音译)

(4) Lianghui, or two sessions(两会,中华人民共和国全国人民代表大会和中国人民政治协商会议的统称)

(5) Qixi—the Chinese Valentine's Day(七夕节)

(6) Kunqu opera, one of the oldest forms of Chinese opera(昆曲)

(7) Malatang, meaning spicy and hot, is a famous street food in Sichuan province and Chongqing City.(麻辣烫)

国外媒体采用音译+解释性词语的方式表达概念,体现了作者刻意突显该词的汉语文化身份,营造异国情调,以满足西方读者对东方文化的猎奇心理。

第三节　汉语语义重复词句的省译

1. 汉语同义重复

重复是一种修辞手段。常见的重复有两种表现形式:一是同词重复,二是同义重复。汉语同义重复,衍生于古文语法现象——"同义连文",是一种语义复制,指用不同词语或句子表达相同的意义,从而达到突出某种思想,强调某种感情或增强节奏的效果。同义重复表现在词、词组、句子各个层次上。在词组方面,既有同义相构的两字词组,如道路、声音、言语、群众,也有同义相构的四字词组或成语,如自言自语、胡言乱语、街头巷尾、惊涛骇浪。在句子层面,汉语音节和字义的协调、和谐及匀称不仅使词语出现语义同构现象,而且句式也是成双成对,如"一国"是根,根深才能叶茂;"一国"是本,本固才能枝荣。对偶或对联就是中国人自古以来喜闻乐见的语言形式。对偶,就是把字数相等、结构相同或相似、平仄相对的两组平行语句组成有机整体的方式。对偶产生的基础和原因是:

(1)客观世界本身就是对称的,对称的法则是普遍地存在于宇宙中的。人有两只眼睛、两个耳朵,方位有上下对称、左右对称,这就要求人们反映宇宙万事万物的时候也要采用对称的手法。所以刘勰说:"造化赋形,支体必双;神理为用,事不孤立。夫心生文辞,运裁百虑,高下相须,自然成对。"(《文心雕龙·丽辞》)苏东坡说:"世间之物,未有无对者,皆自然天成之象。虽文字之语亦然,但学者不思耳。"(《冷斋夜话》)

(2)从人们的心理方面来说,爱美之心人皆有之,对美的追求是人们的普遍的心理状态。而对称、均衡就是美,因为它符合最简单原则,而简单的就是最美的。平行句法在世界上各种语言中都作为符合美的要求的表现形式而大受欢迎,这就可以证明对对偶、对称的渴望和追求是全人类的普遍心理。符合对称法则的均衡的东西可以给人以喜悦、欢畅、满足感,而违背对称的法则,则会使人不安、烦躁、忧郁。(王希杰,2011:303)对偶或对联往往也是同义构构,即上下联在语义上内容相同,意思相近,相互补充,相互映衬。如:

日出江花红胜火,春来江水绿如蓝。

书山有路勤为径,学海无涯苦作舟。

还有更为极端的对联例子是倒句回文,即同一句子倒读时字面有变化,但上下联不变。如:

结同心果,开并蒂花。(常用婚联)(倒读为:果心同结,花蒂并开。)

对联可以形成回文,彰显了汉字独特的魅力,其他语言文字是不可能的。汉字是单音节的文字,一个字只有一个音节,不像西方文字,一个词可以有几个音节,而且字母顺序不能颠倒。

2. 语义重复词句的省译

语义重复,在汉语中习以为常,如把重复部分也译出来,则会被视为译语累赘,因为英语比较忌讳重复。汉语同义重复,英译时需要省略,以满足译语读者的修辞心理。从语义角度看,汉语同义词,少用一个或几个,意思依然完整;多一个或几个,也不嫌累赘,甚至是读者喜闻乐见的形式。但如果一字不落地译成英语,就不符合英语读者的修辞心理。一般说来,除非有意强调或出于修辞的需要,英语总的倾向是尽量避免重复。(连淑能,2010:173)R. Quirk 等人指出"Repetition of lexical items is normally avoided, but 'elegant variation' can become as disconcerting as repetition when the variation is obtrusive. Hence we more usually resort to the syntactic device of substitution by pro-forms, such as pronouns."(R. Quirk, etc. 1973:677)。美国学者平卡姆所著的 *The Translator's Guide to Chinglish*(《中式英语之鉴》)一书指出:删略复合型词组的语义重复性文字;若一名词或短语本身蕴含修饰性文字的语义内容,删略该修饰性文字;当某下义词与上义词并列使用时,酌情删略其中之一。(Pinkham,2000:26-113)

2.1 同义词的省译

同义词是指意义相同的一组词语,可以分为等义词和近义词两种。近义词是指意思相近,但不完全相同;而等义词的意思完全相同。本文所说的同义词主要指近义词。从语义翻译的角度出发,本文把近义词分为两种:一是语义相近的词语;二是单独使用不构成同义词,但在语境的约束下意义相近的词语。比如,在"要防止和克服地方和部门保护主义、本位主义,决不允许'上有政策、下有对策',决不允许有令不行、有禁不止,决不允许在贯彻执行中央决策部署上打折扣、做选择、搞变通"这句话中,"保护主义"和"本位主义"是相对的同义语,"打折扣、做选择、搞变通"也是同义语。同义词语一般情况下都省译。例如:

(1)这些都是"一国两制"实践的<u>必然要求</u>,也是全面推进依法治国和维护香港法治的<u>应有之义</u>。

These steps are integral to practicing "one country, two systems", advancing law-based governance nationwide, and upholding the rule of law in Hong Kong.

(2)"一国"是根,<u>根深才能叶茂</u>;"一国"是本,<u>本固才能枝荣</u>。

"One country" is like the roots of a tree. For a tree to grow tall and luxuriant, its roots must run deep and strong.

(3)亚洲和平发展同人类前途命运息息相关,亚洲稳定是<u>世界和平之幸</u>,亚洲振兴是<u>世界发展之福</u>。

Peace and development in Asia are closely connected with the future of mankind, and Asia's stability and revival are a blessing to the peace and development of the rest of the world.

(4)已经完成学业的留学人员也要拓宽<u>眼界和视野</u>。

Those who have completed their study programs need to broaden their horizon.

(5)<u>将心比心,推己及人</u>,我们完全理解他们的心情。

Putting ourselves in their place, we can fully understand their feelings.

(6)<u>坚持守望相助</u>。中国和东盟国家<u>唇齿相依</u>,肩负着共同维护地区和平稳定的责任。历史上,中国和东盟国家人民在掌握民族命运的斗争中曾经<u>并肩战斗</u>、<u>风雨同舟</u>。

<u>Stand together and assist each other</u>. China and the ASEAN countries are intimate partners, and we share the responsibility for regional peace and stability. In the past, the people of China and the ASEAN countries <u>stood together in the fight</u> to take our destiny back into our own hands.

(7)这段历史告诉我们,中非关系不是一天就发展起来的,更不是什么人赐予的,而是我们双方<u>风雨同舟</u>、<u>患难与共</u>,一步一个脚印走出来的。饮水不忘挖井人。我们将永远铭记为中非关系发展<u>披荆斩棘</u>、<u>呕心沥血</u>的人们,不断从历史中汲取前进的动力。

A review of this period of history shows that China-Africa relations have not grown to this stage overnight, nor are they a gift from some third party. Rather, they have been nurtured and built, step by step, by our two sides over the years as we met challenges and faced difficulties together. As a Chinese saying goes, "When we drink water from the well, we should not forget those who dug it." We will always honor the memory of all those pioneers who <u>devoted themselves to</u> building China-Africa relations. As we move ahead, we can always draw strength from history.

2.2 同义句的省译

同义句就是前后两个句子的意思相同的句子。句子重复,是出于强调的目的。翻译时要省译意义相同的句子。例如:

(1)记住要求,就是要把社会主义核心价值观的基本内容熟记熟背,让它们<u>融化在心灵里</u>、<u>铭刻在脑子中</u>。

Remembering the requirements means that children need to learn by heart the core socialist values, and always <u>keep these values in mind</u>.

(2) 大家要把他们立为心中的标杆,向他们看齐,像他们那样追求美好的思想品德。

You should take them as examples in pursuing virtues. (同义省略)

(3) 理想信念坚定,是好干部第一位的标准,是不是好干部首先看这一条。

To be firm in their ideals and convictions is the supreme criterion for good officials.

第四节 科技术语的翻译

1. 术语的特点

术语是专业语言的核心和灵魂。术语具有专业性、科学性、单义性、系统性、简明性、稳定性、能产性等特征。所谓专业性,是指术语是表达各个专业的特殊概念的,只在专业领域使用,所以通行范围有限,使用的人较少。所谓科学性,是指术语的语义范围准确,它不仅标记一个概念,而且使其精确,与相似的概念相区别。任何一个术语都有严格的意义界定,有丰富的内涵和一定的外延,仅一字之差的两个术语,所包含的内容也是不同的。如"专利技术"和"专有技术",从法律和经济技术角度讲,前者仅包括产业部门的技术发明,受法律保护;后者不仅包括产业部门的技术发明,还包括商业、旅游等方面的经营管理经验,但不受法律保护。"专利技术"的英语对应词是 patent technology,而"专有技术"则是 know-how。再如,"语言"(language)和"言语"(speech)。前者指"人类特有的一种符号系统。作用于人与人的关系时,是表达相互反应的中介;作用于人和客观世界的关系时,是认识事物的工具;作用于文化时,是文化信息的载体。在语言这个符号系统中,符号与符号之间的关系受规则制约"。(中国大百科全书,2002)后者则是指"运用语言进行交际的心理活动过程。言语活动既包括表达过程,也包括感知与理解过程。言语的形式包括用来进行交际的外部言语和伴随思维进行的、不出声的内部言语两种"。(中国大百科全书,2002)所谓单义性,是指在某一特定专业范围内术语名词一词一义。术语的单义性原则上要求能指和所指一一对应,即一个术语指称一个概念,一个概念用一种语言形式表示。能指和所指、名称和概念之间的关系是单一的、可逆的关系,这种关系存在于某个专业语言中的语言单位和它所代表的概念之间。(曾剑平,2007:52)单义性是术语名词区别于普通名词的最重要特征。有少数术语属于两个或更多专业,如汉语中"运动"这个术语,分属于政治、哲学、物理和体育四个领域。所谓系统性,是指在一门科学或技术中,每个术语的地位只有在这一专业的整个概念系统中才能加以规定。简明性是指术语要简明扼要,易懂易记。稳定性是指术语一经定名,就不会轻易改动。能产性是指术语确定后,可以通过构词法或词组组合方式,派生出新的术语来。

术语根据其使用范围,还可以分为纯术语、一般术语和准术语,其中纯术语专业性最强,如"等离子体";一般术语次之,如"压强";而准术语,如"塑料",已经渗透到人们的生活中,和一般词汇相融合。

2. 科技术语的构成

英语科技词汇除根据常用词汇的专业化和同一词语词义的多专业化构成外,还利用传统的英语构词法进行扩充。具体方法如下:

2.1 合成法

即将两个或两个以上的旧词组合成一个新词。例如:

splashdown 溅落

fallout 放射性尘埃

thunderstorm 雷暴

2.2 混成法

即将两个词中在拼写上或读音上比较适合的部分以"前一词去尾、后一词去首",加以叠合混成,混成后新词兼具两个旧词之形义。例如:

contrail = condensation + trail 凝结尾流

smog = smoke + fog 烟雾

gravisphere = gravity + sphere 引力作用范围

2.3 词缀法

即利用词缀(前缀或后缀)作为词素构成新词。科技英语中常用的前缀和后缀都达上百个。有时一个前缀就可以构成几百个术语词汇。以清华大学编写的《英汉科学技术词典》(国防工业出版社,1993)为例,以 semi-构成的词有 230 个以上,以 auto-构成的词有 260 个以上,以 micro-构成的词有 300 多个。

2.4 缩略法

即将某一词语组合中主要的词的第一个字母组成新词的构词方法。例如，radar 是 radio detection and ranging 等词的部分字母缩略成的，其他的如 sonar（sound navigation and ranging）、aids（acquired immune deficiency syndrome）等。

除上述几种主要构词法外，科技英语还利用剪截法（如 laboratory 剪截出 lab）、逆序法（如 laser 逆生出 to laser 发射激光）、造词法（如物理学中的 quark 夸克）、词性转换法以及借用外来语（如 gene 基因，借自德语）等构词法构成通用或专门词语。（刘宓庆，2012:376-380）

3. 科技术语的翻译

3.1 直译

按源语的字面意思翻译。例如：

suspension insulator 悬挂式绝缘器

oil bath air filter 油浴式空气滤清器

stiff piston 刚性活塞

dynamic flip-flop 动态触发器

portable generator 便携式发电机

oil film 油膜

oil well 油井

3.2 意译法

即根据英语科技术语的技术含义，用意义完全等同的汉语词语来表达的一种翻译处理方法。采用这种方法译出的汉语词语技术形象清晰，科学概念明确，便于读者顾名思义。因此，翻译术语时应尽量采用意译法。如：

loudspeaker 扬声器

holography 全息摄影术

camera recorder（camcorder）摄录机

polyphase current 多相电流

semiconductor 半导体

guided missile 导弹

mooncraft 月球飞船

visionphone 电视电话

lidar 激光雷达

pistolgraph 快速摄影机

spacecraft 航天飞机

意译时,有两点要注意:

一是分析词的构成,便于确切定名。如:

modem 是由 modulator + demodulator 组成的,所以译为"调制解调器",简称"调解器"。carboxyhemoglobin = carbo(碳) + Oxygen(氧) + hemo(血) + globin(蛋白),译为"碳氧血红蛋白"。

二是在不影响词义的情况下,简化译名,这符合汉语词汇的双音化趋势。如:LSA diode(= limited space-charge accumulation diode)全名译为"有限空间电荷积累二极管",简译为"限累二极管"。

3.3 音译法

即根据术语的发音,选择与发音相似的汉字作为该英语术语的汉语译名,以代表术语所表达的技术概念的一种翻译方法。采用音译法译专业术语,有下列几种情况:

一是术语由几个词组成或术语本身是缩略语,如果采用意译法则译名太长,不够简练,这时采用音译。如 radar 是取 radio detection and ranging 等词的部分字母拼成的,如译成"无线电探测设备"显得十分啰唆,故采用音译法,译成"雷达"。再如 sonar(sound navigation and ranging)指"声波导航和测距设备",译为"声纳"就简洁多了。类似的还有 aids(艾滋病)等。

二是计量单位名称一般采用音译法,因为它们往往与发现它们的科学家的名字联系在一起,如 ohm(欧姆)、hertz(赫兹)、bit(比特)、ampere(安培)、calorie(卡路里)、joule(焦耳)。

三是新材料、新物质的名称,用音译法,如 quark(夸克)、darlington(达林顿,指复合晶体管)、nylon(尼龙)、vaseline(凡士林)、mica bond(米卡邦德,一种绝缘材料)。

四是有些设备名称也采用音译法,如 motor(马达)、pump(泵)、valve(阀)。

音译带有随意性,没有意译那么简洁明了。所以有些音译的术语后来也采用意译。如 laser 音译为"莱塞""镭射"等,现在通用的译名是"激光"。

3.4 音、意融合法

有些技术术语在翻译中,部分使用音译,部分使用意译,二者兼顾,即在音译后添加若干个表示该术语部分含义的汉字,使概念更加明确。例如:

topology 拓扑学

motorcycle 摩托车

ammeter 安培表

tannic acid 丹宁酸

neon light 霓虹灯

carbine 卡宾枪

Zener diode 齐纳二极管

logic 逻辑电路

Kelvin bridge 开尔文电桥

3.5 象形译法

当术语的前半部分所采用的英语单词是以描写某种与技术要领有关的形象时,可用象形译法处理。此时,可以将该英文字母照抄或改译为字形与该形象相近的汉字,有时则将该字母或单词译成描写具体形象的词语,如 U-steel(U 型钢)、V-belt(三角皮带)、cross bit(十字钻头)、I-shaped(工字形)、Y-connection(Y 形连接)、zigzag wave(锯齿形波)。

3.6 原形译法

科技文献中常涉及型号、牌号、商标名称及代表某种概念的字母。这些都不必译出,直接照抄即可,如 L-electron(L 层电子,指原子核外第一层电子)、X-ray(X 射线)、band(Q 波段,指 8 毫米波段,频率为 36~46 兆赫)、P-N-P junction(P-N-P 结,指空穴导电型—电子导电型—空穴导电型的结)。

有些新的产品名称也可照抄,如 VCD、SVCD、DVD。象形译法和原形译法的区别在于前者保留的字母代表具体实物的形象,后者保留的字母原形本身包含着特定的技术含义。

3.7 意、音译共用法

对于有些技术术语来说,它们既有意译名,又有音译名,二者同时使用。翻译时，选择任何一个都可以。但我们应该注意到这样一种趋势，那就是意译逐渐取代音译。例如：

vitamin 维生素/维他命

penicillin 青霉素/盘尼西林

engine 发动机/引擎

microphone 话筒/麦克风

上述例子中，前者为意译，后者为音译。

3.8　创造新词

主要是指化学元素，如 antimony（锑）、tritium（氚）。

上述是科技术语翻译的方法。翻译科技术语，还要坚持以下几个原则：

一是统一术语译名的原则。由于术语具有单义性的特点，所以一个术语只能表达一个概念，反过来，一个概念也只能有一个术语与之相对应。外来术语的翻译最初都有几个译名，后来趋于统一。如大气科学中的 nowcasting 曾有"现时预报""现场预报""即日预报""短时预报""临近预报"5个译名，现在统一翻译为"临近预报"。又如地理学中的 overland flow 曾被翻译为"坡面水流""坡面漫流""陆面水流""地面径流""表面水流"等词，现在统一为"坡面流"。

二是约定俗成的原则。如英文 robot 定名为"机器人"是不准确的，其本质不是"人"而是"机器"，称其为"拟人机"或"智能机"更确切。但是考虑到社会上已普遍接受"机器人"这个称呼，就约定俗成，不再改称，以免引起新的混乱。

第五节　汉语流行语的英译

语言是社会发展的产物，它随着社会的发展而发展。在科技日新月异、信息瞬息万变的时代背景下，新思想、新概念层出不穷，同样地，表达这些新思想、新概念的新词新语也在不断涌现。不少新词新语是我们文化中独有的，它们的翻译没有先例可循。因此，如何翻译新词新语，在传达它们的概念内涵时，保证它们具有可理解性和可接受性，是值得探讨的问题。

1. 直译

直译是指按原来的意义和结构直接把原有的词句转换成译语的词句。切斯特曼(2012)认为,直译最大限度地接近源语形式,保持原文的结构、形象、文化内涵,并不是逐字翻译。这种翻译方法是在源文本和目标文本之间没有很大差异的情况下使用的。例如"硬核",其参考译文为 hardcore。该词最早指说唱音乐的一种形式,被认为更具力量感,后引申为"核心部分、中坚分子",有"厉害、霸气"之义。人们常用"硬核"来代替厉害、彪悍、刚硬等形容词,而"hardcore"在国外的意思正是指一种硬核摇滚乐,目的语读者与源语读者对这个词有着相同的理解。因此,"硬核"一词采用直译,能够让目的语读者直接清晰地理解该词的意思,并且符合翻译规范中的交际规范。(杨佑文、李博,2021:129)

直译既能保留文化特征,又有利于中西文化的交流,并能够丰富译文语言的表达力。直译词是将汉语逐字对应地译成英文而产生的借词,从形式上看完全符合规范英语,但实际上表示具有中国特色的事物,虽然这些词语与其英文原意有一些出入,但一经解释,还是能被以英语为母语的人接受。如裸考 naked exams、隐婚 hidden marriage、蜗居 snail-shell-size shelter、剩女 left girls、人肉搜索 flesh search、卡奴 card slaves、愤青 young cynic、裸妆 nude look、草莓族 strawberry generation、闪婚 flash marriage、面子工程 face job、落下帷幕 drop the curtain、吃"大锅饭" the practice of "eating from the same big pot"、流动人口 floating population。

直译强调对原文本形式及内容的忠实,是一种能最大限度地保留原文本形式及内容的翻译策略。有些新词可在英语文化中找到意义对应的词,因此,采用直译可以更好地保留这些新词的中国特色和风格,传播我们民族的文化,且不引起目的语读者的误解。

2. 音译

有些汉语词语如采用意译法,难以体现其微妙的语义。如网络新词"土豪",在英语里对应的词有"crass new rich""nouveau riche""parvenu"或"bling"。"bling"是拟声词,用以形容"珠光宝气的人",而"nouveau riche"和"parvenu"则为法语单词。可见,英语中没有一个单词可以恰如其分地描述一个品位遭到诟病却坐拥大笔财富的新兴富豪阶层。反观"土豪"这个词语的历史,可追溯到100多年以前的旧中国,那时,该词专指欺压农民、横行乡里的恶霸地主。近年来,随着网络炫富现象的涌现,人们在感到可笑的同时,也传递了他们的厌恶情绪,引用"土豪"一词,既具有嘲讽的口吻,同时也表达出对自身处境的无奈。国外媒体在翻译"土豪"时,直接采用了音译手段,译为"tuhao"。《牛津英语词典》甚至曾考虑将"土豪"一词纳入2014版本中。(吴建国、秦闻佳,2016:80)

3. 意译

很多流行词语是基于一定的文化背景而出现的,反映了鲜明的时代特色和文化特征,它们形象生动,具有丰富的联想意义,单凭字面意思不能正确理解其深层意义。在这种情况下,我们不能从译入语中直接用相当于源语字面意思的对应词汇翻译,而要注重将词语的联想意义和文化内涵译出,目的是让译入语读者具有和源语读者同样的感知。如近年比较流行的词语"吃瓜群众",最初是网络用语,表示对事情不了解,对讨论、发言以及各种声音持围观态度的人,现在任何置身于事外的无关人员都可以称作"吃瓜群众"。如果按照字面意思将其译成"watermelon-eating people",译入语读者就无法理解其真正含义,可以根据不同的语境,将其译成译入语读者很容易理解和接受的"rubbernecker""onlooker"等,这样译入语读者看到后就会明白其中的意思。(赵瑛瑛,2018:88)"柠檬精"一词,其参考译文有"green with envy""full of bitter jealousy""envy and hate"3 种。"柠檬精"字面意思是柠檬成精,指很喜欢酸别人、嫉妒别人(be jealous of someone),现在多用于自嘲式地表达对他人从外貌到内在、从物质生活到感情生活的多重羡慕。"我酸了""我羡慕了""我柠檬了"都是从"柠檬精"一词衍生而来的,这正体现了模因的传播性与复制性。(杨佑文、李博,2021:130)再如,伪娘 cross dresser、山寨 copycat、炫富 flaunt wealth、二奶 kept woman、发烧友 fancier、驴友 tour pal、奉子成婚 shotgun marriage、经济适用房 affordable housing、枪手 ghost writer、端倪 incipient tendency、实体店 physical store、翻脸 turn hostile、卖关子 create suspense、装嫩 act young 这些词在英语语言中的对应项缺失,为了更符合英语国家读者的思维习惯,翻译时有必要舍掉原来的词的形象,直接阐释其意思。

4. 解释性的翻译

汉语中出现的有关政治、经济、文化等的术语对于外国读者来说可能会因为缺乏一定的背景知识而难以理解,翻译时需要做出必要的解释,让读者领会其中的意义。如:

"三个代表"重要思想:"three represents" theory (The Party should always represent the development needs of China's advanced social productive force, always represent the onward direction of China's advanced culture, and always represent the fundamental interests of the largest member of the Chinese people)

八荣八耻:eight honors, eight disgraces(love the country; do it no harm. —serve the people; do no disservice. —follow science; discard ignorance. —be diligent; not indolent. —be united, help each other; make no gains at other's expense. —be honest and trustworthy; do not spend ethics for profits. —be disciplined and law-abiding; not chaotic and lawless. —live plainly, struggle hard; do not wallow in luxuries and pleasures)

5. 套译

套译就是套用目的语中相应的词语。有些社会现象不只中国有,国外也有。不升学、不就业、不进修或参加就业辅导,终日无所事事的族群全世界都有。这样的人在国外被称为 neet(尼特族),最早使用于英国。neet 的全称是 not currently engaged in employment, education or training。尼特族是世界性的社会问题,主要在发达国家和经济高增长、生活素质高的国家和地区的青年阶层中产生。在中国大陆称为家里蹲或啃老族,在美国称为归巢族(boomerang kids),在香港则称之为双失青年(失学兼失业的青年)。所以中国的啃老族可以相应地翻译成 neet 或 boomerang kids。

6. 创造性翻译

一部分新词意思很新奇,且幽默有趣,因此,译者需要以尊重英语语言的习惯为前提,利用英语与汉语中某些词的音、形、义的契合特征,进行构词,即创造性地翻译。如,我们耳熟能详的"给力"一词,被翻译为 gelivable,并在各大媒体频频出现;前几年流行的"偷菜"游戏,被译为 vegeteal(vege 是 vegetable 蔬菜的前半部分,teal 是 steal 偷的后半部分,合在一起就是"偷菜")。又如"秒杀"被译为 seckilling(原是电脑游戏中的名词,指在玩家 PK 或是和怪物打斗时,对方过于强大,玩家在没有还手、逃跑余地的情况下,被"瞬间击杀",也有把"杀"字去掉直接叫"秒"的。网购中的"秒杀",是一种网络竞拍的新方式)。此外,还有团购 group purchase、麦霸 mic king/queen、黄牛票 scalped ticket、脑残体 leetspeak、解除好友 unfriend。面对这些层出不穷的新词,译者需要透彻地了解其所要表达的意思,考虑具体语言环境以及英汉语的语言及文化特色,采用适当的翻译策略,准确生动地传达出其意思,使更多的中国新词得到妙译,从而更好地弘扬中国文化,掌握中国英语的话语权,使中国英语走向大雅之堂。(卢二洹,2012:79-80)

参 考 文 献

1. Newmark P. A textbook of translation[M]. New York:Prentice Hall International Ltd. ,1988.

2. Katz,Jerrold J. Common sense in semantics[A]// Lepore E. New York:New Directions in Semantics[C]. London:Academic Press Inc. ,1987.

3. Richards J C,Platt J,Platt H. Longman dictionary of language teaching & applied linguistics[M]. Beijing:Foreign Language Teaching and Research Press,2000.

4. Bussmann H. Routledge dictionary of language and linguistics[M]. Beijing:Foreign Language Teaching and Research Press,2000.

5. Saeed J. Semantics[M]. Oxford:Blackwell Publishers Ltd. ,1997.

6. Halliday M A K,Hasan R. Cohesion in English[M]. London:Longman,1976.

7. Toury G. In search of a theory of translation[M]. Tel Aviv:Porter institute for Poetics and Semiotics,1980.

8. Lefevere, Andre. Translation, rewriting and the manipulation of literary fame[M]. London:Routledge,1992.

9. Larson M L. Meaning-based translation:a guide to cross-language equivalence[M]. 2nd ed. Lanham/New York:Oxford University Press of America,1998.

10. Chan Sin-wai,Pollard D E. An encyclopaedia of translation:Chinese-English. English-Chinese[M]. Hong Kong:Chinese University Press,1995.

11. Sapir E. Language:An introduction to the study of speech[M]. Beijing:Foreign Language Teaching and Research Press,2002.

12. Verschueren J. Understanding pragmatics[M]. London:Arnold,1999.

13. Geoffrey N L. A linguistic guide to English poetry[M]. London:Longman,1969.

14. Gallois C. Accommodating intercultural encounters:elaborations and extensions[A]// Virding A. International and intercultural communication annual[C].

Newbury Park:Sage Publications,Inc.,1995.

15. Fauconnier G,Turner M. The way we think:conceptual blending and the mind's hidden complexities[M]. New York:Basic Books A Member of the Perseus Books Group,2002.

16. Zipf G K. Human behavior and the principle of least effort:an introduction to human ecology[M]. New York:Hafner,1972.

17. Catford J C. A linguistic theory of translation[J]. London:Oxford University Press,1965.

18. Quirk R,Greenbaum S,Leech G,et al.. A grammar of contemporary English[M]. London:Longman Group Ltd.,1973.

19. Chesterman A. Memes of translation:The spread of ideas in translation theory[M]. Shanghai:Shanghai Foreign Language Education Press,2012.

20. 王武兴. 英汉语言对比与翻译[M]. 北京:北京大学出版社,2003.

21. 卢英顺. 现代汉语语汇学[M]. 上海:复旦大学出版社,2007.

22. 王寅. 语义理论与语言教学[M]. 第2版. 上海:上海外语教育出版社,2014.

23. 杰弗里·利奇. 语义学[M]. 李瑞华,等译. 上海:上海外语教育出版社,1987.

24. 维特根斯坦. 哲学研究[M]. 李步楼,译. 北京:商务印书馆,1996.

25. 包惠南. 文化语境与语言翻译[M]. 北京:中国对外翻译出版公司,2001.

26. 柯平. 英汉与汉英翻译教程[M]. 北京:北京大学出版社,1993.

27. 张培基. 英汉翻译教程[M]. 修订本. 上海:上海外语教育出版社,2009.

28. 朱曼殊,缪小春. 心理语言学[M]. 上海:华东师范大学出版社,1990.

29. 邢福义. 文化语言学[M]. 武汉:湖北教育出版社,2000.

30. Bolinger D. 语言要略[M]. 方立,李谷城,等译. 北京:外语教学与研究出版社,1993.

31. 刘继超,高月丽. 修辞的艺术[M]. 北京:石油工业出版社,2002.

32. 胡壮麟,朱永生,张德录. 系统功能语法概论[M]. 长沙:湖南教育出版社,1989.

33. 孙迎春. 汉英双向翻译学语林[M]. 济南:山东大学出版社,2001.

34. 陈德彰.英汉翻译入门[M].北京:外语教学与研究出版社,2005.

35. 孔勇.文化差异与翻译等值[M].北京:中国原子能出版社,2014.

36. 周志培.汉英对比与翻译中的转换[M].上海:华东理工大学出版社,2003.

37. 爱德华·萨丕尔.语言论[M].北京:商务印书馆,1964.

38. 申小龙.中国语言的结构与人文精神[M].北京:光明日报出版社,1988.

39. 张春柏.英汉汉英翻译教程[M].北京:高等教育出版社,2003.

40. 郭著章,李庆生.英汉互译实用教程[M].第3版.武汉:武汉大学出版社,2003.

41. 金隄.等效翻译探索[M].北京:中国对外翻译出版公司,1998.

42. 方梦之.译学辞典[M].上海:上海外语教育出版社,2004.

43. 马祖毅.中国翻译史:上卷[M].武汉:湖北教育出版社,1999.

44. 王宏印.中国文化典籍英译[M].北京:外语教学与研究出版社,2009.

45. 安乐哲,罗思文.《论语》的哲学诠释[M].余瑾,译.北京:中国社会科学出版社,2003.

46. 贾文波.汉英时文翻译高级教程[M].北京:中国对外翻译出版有限公司,2012.

47. 陈福康.中国译学理论史稿[M].上海:上海外语教育出版社,2000.

48. 王力.汉语史稿[M].北京:中华书局,1980.

49. 史有为.汉语外来词[M].北京:商务印书馆,2000.

50. 惠宇.新世纪汉英大词典[M].北京:外语教学与研究出版社,2004.

51. 陆国强.汉译英常用表达式经典惯例[M].上海:上海外语教育出版社,2012.

52. 杜争鸣.时政用语:中译英释例[M].北京:外文出版社,2014.

53. 王希杰.修辞学导论[M].杭州:浙江教育出版社,2000.

54. 连淑能.英汉对比研究[M].增订本.北京:高等教育出版社,2010.

55. 刘宓庆.文体与翻译[M].北京:中国对外翻译出版有限公司,2013.

56. 司显柱,曾剑平.英汉翻译教程[M].北京:北京大学出版社,2009.

57. 司显柱,曾剑平.汉译英教程[M].上海:东华大学出版社,2006.

58. 陈道望.修辞学发凡[M].上海:上海教育出版社,1976.

59. 祝畹瑾.社会语言学概论[M].长沙:湖南教育出版社,1992.

60. 曾剑平,况新华.翻译技巧与研究[M].北京:航空工业出版社,2002.

61. 卢玉卿,温秀颖.语言学派翻译研究的意义观:一个历时的视角[J].外语教学,2009(1).

62. 宋启军.歧义:英美英语词汇差异[J].咸宁学院学报,2012,32(5).

63. 陈炬.语用意义的积极与消极翻译[J].信阳师范学院学报(哲学社会科学版),2010,30(6).

64. 赵瑛瑛.流行词语翻译语义认知[J].合肥工业大学学报(社会科学版),2018,32(6).

65. 蔡力坚.翻译中的词语搭配[J].中国翻译,2019,40(4).

66. 孙国兰.社会环境因素对英语词语褒贬义的影响研究[J].东莞理工学院学报,2011,18(2).

67. 孙炜.《红楼梦》的亲属称谓:下[J].红楼梦学刊,1991(1).

68. 陈跃.《红楼梦》量词研究[D].贵阳:贵州大学,2006.

69. 张亚丽.试析汉语问候式寒暄语的历时变化及其意义[J].北方文学(下半月),2011(4).

70. 曾剑平.汉英翻译的虚实转换[J].中国科技翻译,2006(1).

71. 邱懋如.可译性及零翻译[J].中国翻译,2001,22(1).

72. 袁宜平.科技术语的零翻译[J].术语标准化与信息技术,2010(3).

73. 李丹,黄忠廉.零翻译类型考[J].山东外语教学,2012(2).

74. 张锦红.小议英汉同义词[J].内江科技,2011(7).

75. 王楠楠.词语内部语义关系多样性的认知分析[J].汉字文化,2018(11).

76. 何庆元.词义聚合关系在词汇教学中的应用[J].北京第二外国语学院学报,2012(10).

77. 张萌萌.动态识解视域下的上下义关系在英汉互译中的应用[J].英语广场,2018(3).

78. 刘婷婷,李开荣.英汉词序异同的认知辨析[J].牡丹江教育学院学报,2010(2).

79. 钱庆斌.汉英文化差异与颜色词语翻译[J].边疆经济与文化,2015(4).

80. 姜艳敏.谈英语颜色词语的丰富内涵[J].辽宁师专学报(社会科学版),

2015(2).

81. 吴友富. 国俗语义研究[C]. 上海：上海外语教育出版社,1998.

82. 李家春. 零翻译类型研究[J]. 外语学刊,2013(3).

83. 罗国青. 再论零翻译的表现形式[J]. 长沙铁道学院学报（社会科学版）,2008(4).

84. 冷姿颖,贺爱军. 零翻译的利弊分析与读者的文化态度[J]. 现代语文（语言研究版）,2016(10).

85. 孙际惠. 阐释学视域下《论语》中哲学词汇的零翻译：以安乐哲英译本为例[J]. 湖南科技学院学报,2011(7).

86. 赵琦,卢澄. 论音译在英汉翻译中的作用[J]. 广西师范学院学报（哲学社会科学版）,2013(1).

87. 李冰,孔雁. 网络新词"土豪"音译的启示[J]. 长春理工大学学报（社会科学版）,2014,27(8).

88. 黄婉冰. 汉语新词对英语的影响[J]. 新课程（教育学术）,2011(3).

89. 吴萍. 美国媒体上的"中国英语"样本分析：基于《时代》周刊涉华报道（2011~2012）的一项实证研究[J]. 英语研究,2014,12(1).

90. 蔡力坚,杨平.《中国关键词》英译实践探微[J]. 中国翻译,2017(2).

91. 曾剑平. 人文社会科学术语译名的规范化问题[J]. 外语与外语教学,2007(8).

92. 杨佑文,李博. 翻译模因论视角下汉语网络流行语的英译研究[J]. 汉字文化,2021(3).

93. 吴建国,秦闻佳. 词语"全球化"："零翻译"原则与策略探析[J]. 上海翻译,2016(1).

94. 卢二洹. 汉英翻译中的中国英语[J]. 长江大学学报（社会科学版）,2012(8).

95. 高欢欢. 社会语言学视角下论新闻发布会口译中的零翻译[D]. 上海：上海外国语大学,2013.

96. 刘雪鸽. 零翻译及其应用[D]. 上海：上海外国语大学,2010.

97. 祖拉亚提·库尔班. 从汉英语言差异看汉英翻译策略[J]. 中外交流,2020,27(13).

98. 张潇.从汉英语言差异看汉英翻译策略[J].襄阳职业技术学院学报,2019(2).

99. 徐东论科技文本英译汉的翻译策略[J].语文学刊(外语教育教学),2015(12).

100. 韦孟芬.浅析科技英语翻译的词义选择[J].中国科技翻译,2015(1).

101. 张静华,刘改琳.网络媒介视域下文化词的音译与文化的传播[J].西安工业大学学报,2016(5).

102. 胡瑶.中国共产党的中外主流媒体形象与其外宣翻译研究[D].衡阳:南华大学,2020.

103. 刘祥清.意义转换媒介与意译、音译和形译[J].中国科技翻译,2015,28(2).